中等职业教育应用型人才培养"十四五"新形态立体化教材

汽车电气构造与维修
（活页式）

主　编◎李　曼　曲志鹏
副主编◎施天瀛　孙奎龙　刘卓识

西南交通大学出版社
·成都·

图书在版编目（CIP）数据

汽车电气构造与维修：活页式 / 李曼，曲志鹏主编
. 一成都：西南交通大学出版社，2023.1
ISBN 978-7-5643-9163-8

Ⅰ. ①汽… Ⅱ. ①李… ②曲… Ⅲ. ①汽车 – 电气设
备 – 构造 – 中等专业学校 – 教材②汽车 – 电气设备 – 车辆
修理 – 中等专业学校 – 教材 Ⅳ. ①U472.41

中国国家版本馆 CIP 数据核字（2023）第 009729 号

Qiche Dianqi Gouzao yu Weixiu (Huoye Shi)
汽车电气构造与维修（活页式）

主 编／李 曼 曲志鹏	责任编辑／张文越
	封面设计／墨创文化

西南交通大学出版社出版发行
（四川省成都市金牛区二环路北一段 111 号西南交通大学创新大厦 21 楼 610031）
发行部电话：028-87600564 028-87600533
网址：http://www.xnjdcbs.com
印刷：四川玖艺呈现印刷有限公司

成品尺寸 185 mm×260 mm
印张 10 字数 216 千
版次 2023 年 1 月第 1 版
印次 2023 年 1 月第 1 次

书号 ISBN 978-7-5643-9163-8
定价 39.00 元

■ 前 言

　　为了深入贯彻落实《国务院关于印发国家职业教育改革实施方案的通知》（国发〔2019〕4号）精神，以及《教育部等九部门关于印发〈职业教育提质培优行动计划（2020—2023年）〉的通知》（教职成〔2020〕7号）中关于"加强职业教育教材建设，对接主流生产技术，注重吸收行业发展的新知识、新技术、新工艺、新方法，校企合作开发专业课教材"的中心思想，结合1＋X证书制度的相关标准要求，编者组织开发了这本教材。

　　本书选用目前国内市场上的主流车型，力求学以致用，从维修实际出发，内容包括汽车电路图的认识、电源系统检修、起动系统检修、照明系统检修、信号系统检修、辅助电气设备检修共6个典型任务。为了让学生走出课堂快速适应企业岗位，本书内容深入浅出、概念清楚、立足应用、突出重点、突破难点，较好地体现了职业教育以技能水平为本位的特色，同时也可以增强学生的自主学习意识、团队意识和创新意识。通过本课程的系统学习，学生将掌握一名合格的汽车电器检修技术人员所需要掌握的基本技能。

　　本书在编写过程中，力求体现以下特点：

　　（1）从职业教育实际出发，使课堂与工作岗位无缝衔接，教学内容和实际维修岗位需求相结合。

　　（2）图文并茂，通俗易懂，结合维修市场最新动态，突出介绍该领域的新知识、新工艺、新方法，使学生更多地了解和掌握最新维修服务理念的发展及相关技能。

　　（3）层次分明、结构合理，以过程为导向、任务为驱动的"一体化"教学模式组织教学内容。

　　基于以上特点，本书在内容设置方面，以国家相关职业标准为基本依据，摒弃"繁、难、偏、旧"的内容，力求通过真实的工作任务，以"教、学、练、测"四维合一的方式，使学生学会知识、掌握技能，适应工作岗位。本书可作为中等职业学校汽车运用与维修专业教材，还可以作为汽车维修企业相关岗位培训用书。

　　最后，殷切期望广大读者对书中误漏之处，提出宝贵的意见和建议，以求不断改进和完善。

编　者

2022年3月

目　录

项目一

汽车电路图的认识

学习引入

汽车电路图又称作电路原理图，用于反映电源和电子元器件的电气连接情况。通过读识电路图，可以了解电子设备的电路结构和工作原理。汽车电气系统检修时，看电路图是一项重要内容，怎样才能尽快学会看懂电路图呢？这就需要对电路图的构成要素有一个基本的了解，熟悉组成电路图的各种电气符号，掌握电路控制关系。

本项目主要学习汽车电路基础元件和整车电路图识图的方法。

学习目标

（1）识读汽车线路图常见的元件符号。

（2）掌握识读汽车电路图的方法。

（3）掌握简化电路图的能力。

（4）根据车型的相关技术资料，分析相应的故障点，并能排除一些简单常见的故障。

学习任务

学习任务一

汽车电路元件的基础认识

学习任务二

汽车整车电路的认识

学习任务一 汽车电路元件的基础认识

相关知识

一、汽车电路的组成和概念

1. 汽车电路的概念

为了使汽车的电气设备正常工作，就要按照它们各自的工作特性及相互间的内在联系，用导线和车体把电源、电路保护装置、控制器件及用电设备等装置连接起来，构成能使电流流通的路径，这种路径称为汽车电路。

由于汽车上的电路主要是由导线连接的，因此汽车电路又称为汽车线路。

2. 汽车电路的组成

汽车电路主要由电源、电路保护装置、控制单元（ECU）、用电设备及导线组成。

1）电源

汽车上装有两个电源，即蓄电池和发电机。其功能是保证汽车各用电设备在各种不同情况下都能投入正常工作。

2）电路保护装置

电路保护装置主要有熔断丝（俗称保险丝）、电路断电器及易熔线等。其功能是在电路中起保护作用，当电路中流过超过规定的电流时切断电路，保护电路连接导线和用电设备，并把故障限制在最小范围内。

3）控制器件

除了传统的各种手动开关、压力开关、温控开关外，现代汽车还大量使用电子控制器件包括简单的电子模块（如电子式电压调节器等）和微电脑形式的电子控制单元（如发动机电控单元、自动变速器电控单元等）。

电子控制器件和传统开关在电路上的主要区别是电子控制器件需要单独的工作电源及需要配备各种形式的传感器。

4）用电设备

用电设备包括电动机、电磁阀、灯泡、仪表、各种电子控制器件和部分传感器等。

5）导线

导线用于将以上各种装置连接起来构成电路。此外，汽车上通常用车体代替部分从用电返回电源的导线。

二、汽车电路的特点

1. 低压与直流

汽车电压有6 V、12 V、24 V三种额定电压，目前轿车一般采用12 V额定电压。汽车采用直流电是因为需要蓄电池作为发动机电力起动的电源。

2. 并联与单线制

汽车上的各种用电设备都采用并联方式与电源连接，每个用电设备都由各自串联在其支路中的专用开关控制，互不产生干扰。

汽车上所有的用电设备都是并联的，汽车发动机、底盘等金属机体作为各种电器的公用电路，由用电器到电源只需一条导线。

3. 负极搭铁

蓄电池的负极与车体连接。

4. 装有保护设置

为了防止电路或元件因搭铁或短路而烧坏电线束和用电设备，各种类型的汽车上均安装有保险装置。这些保险装置有的串接在元器件（或零部件）回路中，也有的串接在支路中。

5. 大电流开关通常加中间继电器

汽车中大电流的用电器如起动机、电喇叭等工作时的电流很大（例如通过起动机的电流一般为100~200 A），如果直接用开关控制它们的工作状态，往往会使控制开关早期损坏。因此，控制大电流用电设备的开关常采用加中间继电器的方法。

6. 具有充放电指示

汽车上蓄电池的充电、放电情况一般由仪表盘上充电指示灯指示。发动机未起动或低速运转时点亮，一旦发动机运转带动发电机达到一定转速时，充电指示灯熄灭，以示处于充电状态。

7. 汽车电路上有颜色和编号特征

随着汽车用电设备的增加，导线数目也在不断增多，为便于识别和检修汽车电器设备，汽车电路中的低压线通常由不同的颜色组成，并在汽车电器线路图上用不同颜色的字母代号标注出。

8. 汽车电器线路由单元电路组合而成

汽车电器线路尽管复杂，但都是由完成不同功能、相对独立的单元电路组成的。

三、汽车电路控制元件

1. 开关

开关一般分为单开关和组合开关两种。

点火开关和多功能组合开关是多挡组合开关，也是汽车电路中最重要的开关。

　　点火开关：点火开关需用相应的钥匙才能对其进行操纵。点火开关通常用于控制点火电路、仪表电路、发电机励磁电路、起动电路及一些辅助电器电路等，其主要功能为：锁住转向盘转轴（Lock），接通点火、仪表指示等（ON或IG），起动（ST或Start）挡，Acc挡（Acc主要是收放机等电器设备专用），如果用于柴油车则增加（Heat挡）。其中起动、预热挡因为工作电流很大，开关不宜接通过久，所以这两挡在操作时必须用手克服弹簧力，扳住钥匙，一松手就会弹回点火挡，不能自行定位，其他挡均可自行定位。点火开关如图1-1所示。

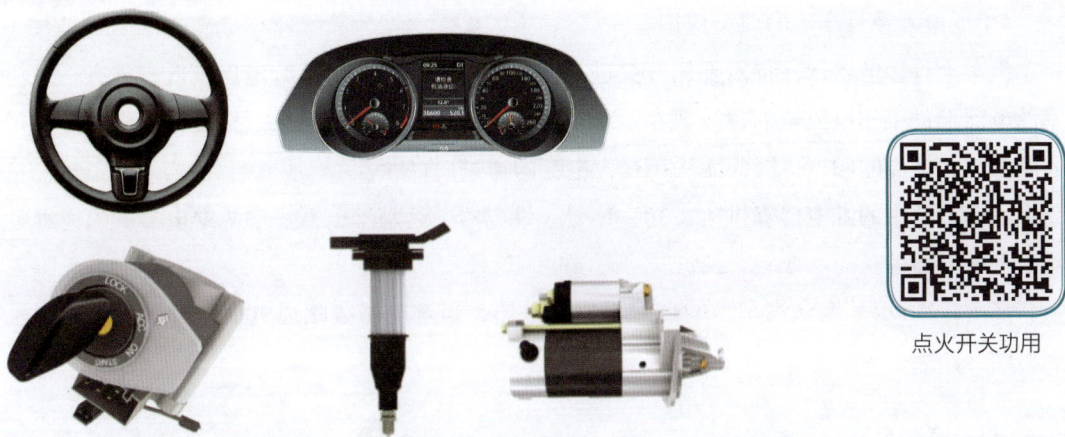

点火开关功用

图1-1　点火开关

　　灯光开关：通常是两挡式开关，按操纵的形式分主要有推拉式、旋转式两种。灯光开关一挡接通示廓灯、尾灯、仪表照明灯等；二挡接通前照灯、尾灯、仪表照明灯等。

　　组合开关：由两种或两种以上的开关集装在一起的开关，可使操纵更加方便，如将照明（前照灯、变光）开关、信号（转向、危险警告、超车）开关、刮水器/清洗器开关等组合为一体，安装在便于驾驶员操纵的转向柱上。

2. 继电器

　　继电器是利用电磁或机电原理或其他方法（如热电或电子），实现自动接通或切断一对或多对触点，以完成用小电流控制大电流以减少控制开关触点的电流负荷的装置。

　　继电器按断开及接通方式可分为以下几种类型。

　　1）常开型

　　如图1-2（a）所示，这一类型的继电器不工作时是开路的，只有在其线圈受激时才闭合。

　　2）常闭型

　　如图1-2（b）所示，这种继电器的触点不工作时是闭合的，只有在其线圈受激时才断开。

　　3）枢纽型

　　如图1-2（c）所示，这种继电器在两个触点之间切换，由线圈受激状态决定。

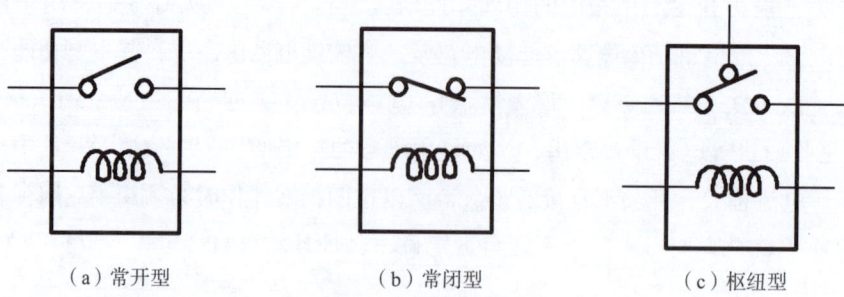

（a）常开型　　　　　　　（b）常闭型　　　　　　　（c）枢纽型

图1-2　继电器的类型

4）继电器在汽车上的典型应用

汽车上许多电器部件都需要用开关进行控制。由于汽车电气系统电压较低，具有一定功率的电器部件工作电流较大，一般在几十安以上，这样大的电流如果直接用开关或按键进行通断控制，按键的触点将因为无法承受大电流的通过而烧毁。

汽车上常用的继电器有供电（30、15号）继电器、起动继电器、喇叭继电器、闪光继电器、水继电器等。

如图1-3所示是大众汽车上的15号供电继电器，当继电器线圈通电工作时，触点30与触点87闭合。

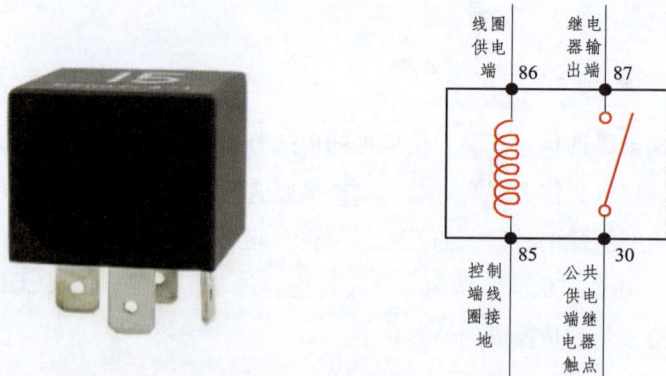

图1-3　15号供电器

四、汽车电路保护元件

1. 熔断器

熔断器的保护元件是熔丝，串联在其所保护的电路中。熔断器为一次性器件，使用时须注意：

（1）熔断器熔断后，必须先查找故障原因并彻底排除。

（2）更换熔断器时，一定要与原规格相同，要特别注意不能使用比规定容量高或容量低的熔断器，否则将失去保护作用。

（3）熔断器支架与熔断器接触不良会产生电压降和发热现象。因此，要特别注意检查有无氧化现象和脏污。若有杂物和氧化现象，须用细砂纸打磨光滑，使其接触良好。

2. 易熔线

易熔线是用于保护总体线路或重要电路的、截面积小于被保护电导线的、可长时间通过额定电流的铜线或铝合金导线，长度一般为50～200 mm，通常安装在电路的起始端（蓄电池正极附近）。当线路中有超过额定电流数倍的电流时，易熔线首先熔断（熔断过程较长）。

易熔线的绝缘外皮要耐热，且不能捆绑于线束内部。易熔线熔断时，一定是由于主电路和大电流电路发生故障，必须先找到短路的原因，排除故障。不能随意更换比规定容量大的易熔线或用粗导线代替。

3. 电路断路保护器

电路断路保护器用于正常工作时容易过载的电路中，其原理是利用双金属片受热变形使触点分离。

（1）自恢复式熔断器：过载变形自动切断，冷却后自动复位，如此往复直到电路不过载。

（2）按压恢复式断路器：排除故障后，须按下按钮手动复位。

4. 中央控制盒

为便于诊断故障、规范布线，现代汽车将熔断器、断路保护器、继电器等电路易损件集中布置在一块或几块配电板上，这种配电板及其盖子就组成了中央控制盒，如图1-4所示。

配电板正面装有继电器和熔断器的插头，背面是接线插座。为了便于线路检查和故障诊断，中央控制盒或安装板上标有器件名称或其缩写字母。

图1-4　中央控制盒

五、汽车电路连接线束

汽车电气系统的导线有低压线和高压线两种。低压线又有普通线缆、起动电缆和控制电缆之分，高压线又有铜芯线和阻尼线之分。

1. 低压导线

（1）导线的截面积。普通低压导线为铜质多丝导线，导线的截面积主要根据用电设备

的电流进行选择。若截面太小，则机械强度差，易折断。一般汽车电气导线截面积不小于
0.5 mm²。各种低压导线标称截面积允许的负载电流如表1-1所示。

表1-1 低压导线标称截面积允许的负载电流值

导线标称截面积/mm²	1.0	1.5	2.5	3.0	4.0	6.0	10	13
允许电流值/A	11	14	20	22	25	35	50	60

汽车12 V电系主要线路导线截面推荐值如表1-2所示。

表1-2 汽车12 V电系主要线路导线截面推荐值

截面积/mm²	用 途
0.5	后灯、顶灯、指示灯、仪表灯、牌照灯、燃油表、雨刮器电机
0.8	转向灯、制动灯、停车灯、分电器
1.0	前照灯的单线（不接保险器）、电喇叭（3 A以下）
1.5	前照灯的电线速（接保险器）、电喇叭（3 A以上）
1.5～4	其他连接导线
4～6	电热塞
4～25	电源线
16～95	起动机电缆

（2）导线的颜色。为便于安装和检修，汽车采用双色导线，主色为基础色，辅色为环
布导线的条色带或螺旋色带，且标注时主色在前，辅色在后。以双色为基础选用时，各用电
系统的电源线为单色，其余为双色，汽车电系各系统的主色，如表1-3所示。

表1-3 汽车电系各系统的主色

系统名称	电线主色	代 号
电气装置接地线	黑	B
点火起动系统	白	W
电源系统	红	R
灯光信号系统	绿	G

系统名称	电线主色	代　号
车身内部照明系统	黄	Y
仪表、报警指示灯和喇叭系统	棕	Br
前照灯、雾灯等外部照明系统	蓝	Bl
各种辅助电器机操纵系统	灰	Gr
收放音机、点烟器等系统	紫	V

2. 线束

为使全车线路规整、安装方便的同时保护导线的绝缘，汽车上的全车线路除高压线、蓄电池电缆和起动机电缆外，一般将同区域的不同规格的导线用棉纱或薄聚氯乙烯带缠绕包扎成束，称为线束，如图1-5所示。

线束安装与检修的注意事项：

① 线束应用卡簧或绊钉固定，以免松动磨坏。

② 线束不可拉得过紧，尤其在拐弯处，在绕过锐角或穿过金属孔时，应用橡皮或套管保护，否则容易磨坏线束而发生短路、搭铁，以致烧毁全车线束。

③ 连接电器时，应根据插接器的规格及导线或插接头的颜色，接于电器上并插接到位。难以辨别时，一般可用试灯区分，但不要用刮火法。

3. 高压导线

高压导线用于汽车点火线圈至火花塞之间的电路，高压导线分为普通铜芯高压导线和高压阻尼点火导线，带阻尼的高压导线可抑制或衰减点火系统产生的高频电磁波，从而降低对电控装置和无线设备的干扰。高压导线如图1-6所示。

图1-5　汽车线束

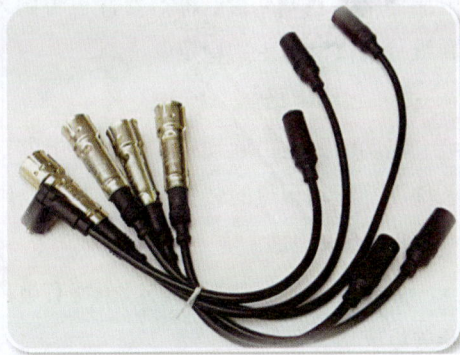

图1-6　高压导线

任务实施

（1）打开车门，罩好"三件套"，确定挡位置于P挡，发动机熄火，拉动发动机舱盖手柄。

（2）打开发动机舱盖，放置翼子板护垫及前格栅垫。

（3）查看点火开关，观察其各挡的控制情况。

（4）在发动机舱找到中央控制盒，打开盒盖，对照盒盖上的说明查看各种熔断器、断路保护器、继电器等。

（5）查看起动电缆线、蓄电池搭铁线，观察发动机舱的线束排布。

（6）操作断开发动机舱内的某一线束插接器。断开插接器时，压下闭锁，再向外拉出。

（7）整理工位，将车辆恢复原样。

学习任务二　汽车整车电路图的认识

相关知识

一、汽车整车电路

汽车整车电路通常由电源电路、起动电路、点火电路、照明与灯光信号装置电路、仪表信息系统电路、□□□装置电路和电子控制系统电路组成。

□□□□充电电路，是由蓄电池、发电机、调节器及充电指示装置等组成的电路，□能□□、□电）及电保护器件也可归入这一电路。其主要任务是对全车所有用电设备供电并维持其供电电压的稳定。

2. 起动电路

起动电路是由起动机、起动继电器、起动开关及起动保护电路组成的电路。也可将低温条件下，起动预热的装置及其控制电路纳入这一电路内。

3. 点火电路

点火电路是汽油发动机汽车特有电路，由点火圈、分电器、电子点火控制器、火花塞及开关组成。

4. 仪表信息系统电路

仪表信息系统电路是由仪表及其传感器、各种报警指示灯及控制器组成的电路。

5. 照明与灯光信号装置电路

照明与灯光装置电路是由前照灯、雾灯、示廓灯、转向灯、制动灯、倒车灯、车内照明灯及有关控制继电器和开关组成的电路。

6. 辅助装置电路

辅助装置电路是为提高车辆的安全性、舒适性等而设置的各种电器装置组成的电路。

辅助电器装置的种类随车型不同而有所差异，汽车档次越高，辅助电器装置越完善。一般包括风窗刮水及清洗装置、风窗除霜（防雾）装置、空调装置、音响装置、车窗电动升降装置、电控门锁等。较高级车型上还装有电动座椅调节装置、电动遥控后视镜等。

7. 电子控制系统电路

电子控制系统电路主要由发动机控制系统（包括燃油喷射、点火、排放等的控制）、自动变速器及恒速行驶控制系统、制动防抱死系统、安全气囊控制系统等组成。

二、汽车电路线路图

汽车电路图是一种将汽车电器和电子设备用图形符号和代表导线的线条连接在一起的关系图，可分为电路原理图、线路图及线束图。

1. 汽车电路原理图

汽车电路原理图是用标准电器符号按照汽车电气系统的工作特性及相互的内在联系，通过导线合理地连接起来的电路图，能够简明清晰地反映电气系统各部件的连接关系。其优点是图面清晰、简单明了、通俗易懂，便于分析、查找电路故障。

汽车电路原理图中各局部电路（或称子系统）相互并联且关系清楚，发电机与蓄电池间、各个子系统之间的连接点都尽量保持原位，熔断器、开关及仪表等的接法基本上与原图吻合。

如图1-7所示为汽车的局部电路原理图，图中负极（－）接地（俗称搭铁），电位最低，正极（＋）电位最高。电流的方向基本都是由上而下，路径是：电源正极（＋）→控制元件（开关或继电器）→用电器→搭铁→电源负极（－）。

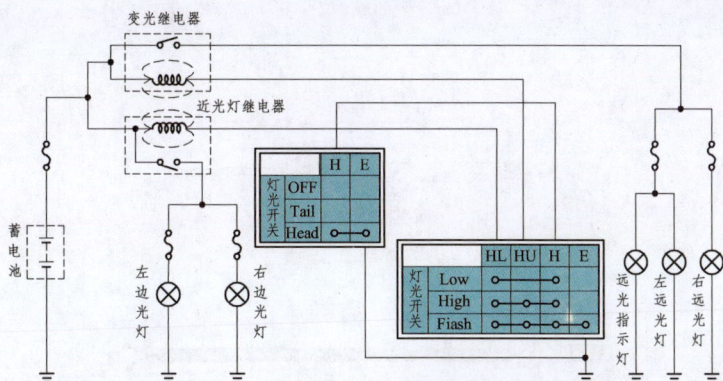

图1-7 照灯电路原理图

2. 汽车电路线路图

线路图是传统的汽车电路表达方法，是将汽车电器在汽车上的实际位置用线段从电源到开关再到搭铁——连接起来构成的，如图1-8所示。它能较完整地反映汽车电气和电子设备的相对位置，从中可以看出导线的走向、分支、节点（插接件连接）等情况。但线路图中线束密集、纵横交错，不便于识读和查找分析故障。

3. 汽车电路线束图

线束图是用于制作、安装线束的生产用图，是将有关电器的导线汇合在一起，并包扎起来形成的，如图1-9所示。线束图主要表明电线束各用电器的连接部位、接线柱的标记、线头、插接器（连接器）的形状及位置等。它是在汽车上能够实际接触到的汽车电路图。这种图一般不去详细描绘线束内部的电线走向，只将露在线束外面的线头与插接器详细编号或用字母标记。它是一种突出装配记号的电路表现形式，非常便于安装、配线、检测与维修。

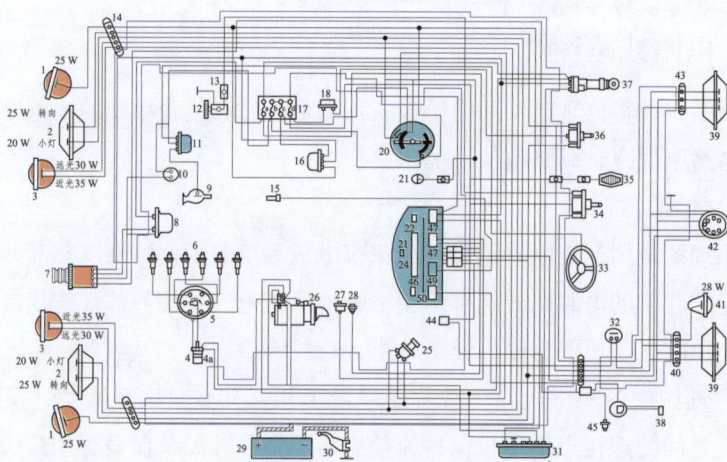

图1-8　汽车线路图

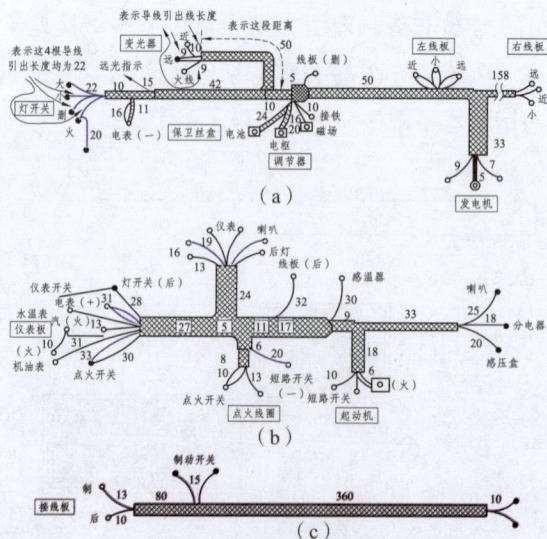

图1-9　汽车线束图

三、汽车电路原理图的识读方法

（1）掌握电气组件的结构原理和电气组件的图形标识符号的意义。

（2）分析电路的结构特点：

① 电源供给和接地分布。

② 电路图的结构是以接线盒为中心、还是以ECU（电子控制单元）为中心展开的。

③ 主要元器件的线路走向。

（3）认真阅读图注：

全车电路一般都是由各个局部电路所构成，它表达了各个局部电路之间的连接和控制关系。要把局部电路从全车总图中分割出来，就必须掌握各个单元电路的基本情况和接线规律。

一开始，必须认真地读几遍图注，对照线路图查看电器在车上的大概位置、数量及其用途，确定是否有新的、独特的用电设备，如有，应加倍注意。

（4）对照图注和图形符号，熟悉有关元器件名称及其在图中的位置、数量和接线情况。

（5）掌握汽车电路元器件的识别代号如表1-4所示。

表1-4　部分电路元器件的识别代号

识别代号	元器件	部件名称（部分电器件）
E	灯	大灯、雾灯
F	保护器	保险丝
D	仪表	转速表、电压表
H	转换器	喇叭、转向信号灯
L	传感器	点火线圈
K	继电器	继电器
M	电动机	雨刷电机、玻璃升降器电机
R	电阻器	鼓风机电阻
S	开关	雨刷开关、除霜开关
X	连接器	线束之间的连接器
Y	电子驱动器	电磁阀

（6）开关在电路中的作用。

对多层多挡多接线柱的开关要按层、按挡位、按接线柱逐级分析其各层各挡的功能。有的用电装置受两个以上单挡开关（或继电器）的控制，有的受两个以上多挡开关的控制，其工作状态可能比较复杂，如间歇刮水器电路。当开关接线柱较多时，首先抓住从电源来的一两个接线柱，再逐个分析与其他各接线柱相连的用电装置处于何种挡位，从而找出控制关系。

（7）根据"回路原则"分析电路。

任何一个电路都应是一个完整的电气回路。其中包括电源、开关（或熔断器）、用电器（或电子线路）、导线和连接器等，并从电源正极经导线、开关（或熔断器）至用电器后搭铁，回到同一电源的负极。

一定要从电路组成的"三要素"——电源、中间环节、负载的分析入手，准确分析任何一条（或一个系统）电路中这三要素之间的内在联系和组成，以实现电路原理图、线路图和线束图三者之间的相互转化，为检修电路提供方便。

（8）开关、继电器的初始状态。

在电路图中，各种开关、继电器都是按初始位置画出的，如按钮未按下，开关未接通，继电器线圈未通电，其触点未闭合（常开触点）或未打开（常闭触点）时，这种状态称原始状态。但看图时，不能完全按原始状态分析，否则很难理解电路所表达的工作原理，因为大多数用电设备都是通过开关、按钮、继电器触点的变化而改变回路的，进而实现不同的电路功能。所以，必须进行工作状态的分析。

（9）要善于利用汽车电路特点，把整车电路化整为零。

汽车电路具有单线制、各电路负载相互并联、两个电源也相互并联以及线路有颜色和编号加以区分等特点，为把整车电路化整为零进行读图提供了方便。整车电路可以按组成汽车电气线路的各个分电路逐一进行分析；对于各分电路同样可以采取各个击破的办法进行识读。

任务实施

（1）打开车门，罩好"三件套"。

（2）操作灯光组合开关，观察前照灯的工作情况。

（3）查阅卡罗拉维修手册中前照灯的电路图。

（4）在电路图上找出蓄电池、灯光组合开关、组合仪表、左右两侧近光灯的保险丝、近光灯的位置，并用文字标注。

（5）画出前照灯电路原理图，并描述灯光组合开关在各挡位时的电流流向。

（6）整理工位，将车辆恢复原样。

学习拓展

电气符号

汽车电路图在实际应用中常见的是汽车电路原理图。在电路原理图中，各电器元件均采用图形符号表示。虽然不同车型的电路图不相同，但汽车电路图所采用的符号大体相同。想要识读电路图，必须了解各种图形符号及其含义，如图1-10所示。

●	○	○—○	∅	T	＋
接点	端子	导线的连接	可拆卸的端子	导线的分支连接	导线的交叉连接
＋	⊂	■—	⊂—		
导线的跨越	插座的一个极	插头的一个极	插头和插座		

（a）端子和导线符号

t°	t°_A	t°_w	Q	OP	m
温度表传感器	空气温度传感器	水温传感器	燃油表传感器	油压表传感器	空气质量传感器
AF	λ	K	n	V	W
空气流量传感器	氧传感器	爆震传感器	转速传感器	速度传感器	燃油滤清器积水传感器
BP	B	BR	T	F	
制动压力传感器	蓄电池传感器	制动灯传感器	灯传感器	制动器摩擦片传感器	

（b）传感器符号

—	∼	≂	＋	－
直流	交流	交直流	正极	负极
N	F	B	D＋	⊥
中性点	磁场	交流发电机输出接线柱	磁场二极管输出接线柱	搭铁

（c）限定符号

电阻器	可变电阻器	压敏电阻器	热敏电阻器	滑线式变阻器
分路器	滑动触点电位器	仪表照明调光电阻器	光敏电阻	加热元件、电热塞
电容器	可变电容器	极性电容器	穿心电容器	半导体二极管一般符号
稳压二极管	发光二极管	双向二极管（变阻二极管）	三极可控硅	光电二极管
PNP型三极管	NPN三极管	具有两个电极的压电晶体	电感器、线圈、绕组、扼流圈	带铁心的电感器
熔断器	易熔线	电路断电器	永久磁铁	操作器件一般符号
一个绕组电磁铁	两个绕组电磁铁	不同方向绕组电磁铁	触点常开的继电器	触点常闭的继电器

（d）电器元件符号

动合（常开）触点	动断（常闭）触点	先断后合的触点	中间断开的 双向触点	双动合触点
双动断触点	单动断双动合触点	双动断双动合触点	一般情况下 手动控制	拉拔操作
旋转操作	推动操作	一般机械操作	钥匙操作	热执行器操作
温度控制	压力控制	制动压力控制	液位控制	凸轮控制
联动开关	手动开关的般符号	定位开关 （非自动复位）	按钮开关	能定位的按钮开关
拉拔开关	旋转、旋钮开关	液位控制开关	机油滤清器 报警开关	热敏开关动合触点
热敏开关动断触点	热敏自动开关的 动断触点	热继电器触点	旋转多档开关位置	推拉多档开关位置
钥匙开关 （全部定位）	多档开关、点火、起动开关，瞬时位置为2能自动返回到1 （即2档不能定位）			节流阀开关

（e）触点与开关符号

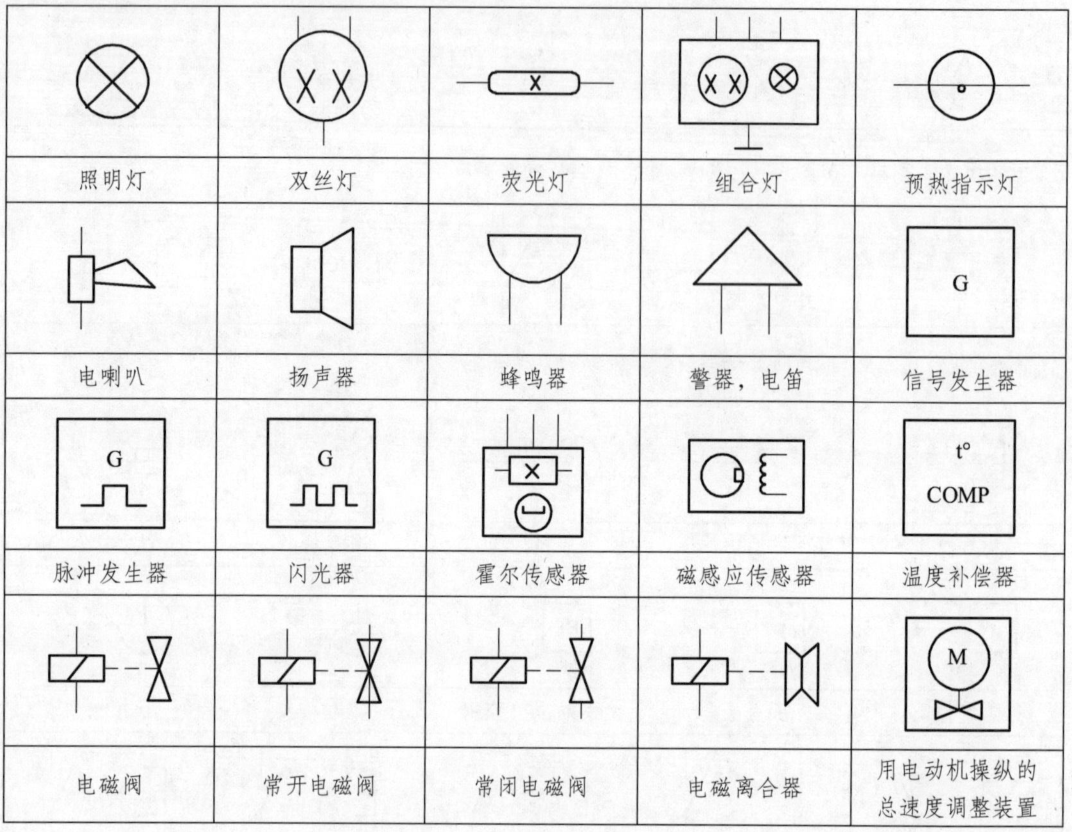

照明灯
双丝灯
荧光灯
组合灯
预热指示灯
G
电喇叭
扬声器
蜂鸣器
警器，电笛
信号发生器
G
G
t°
COMP
脉冲发生器
闪光器
霍尔传感器
磁感应传感器
温度补偿器
M
电磁阀
常开电磁阀
常闭电磁阀
电磁离合器
用电动机操纵的总速度调整装置

（f）电气设备符号

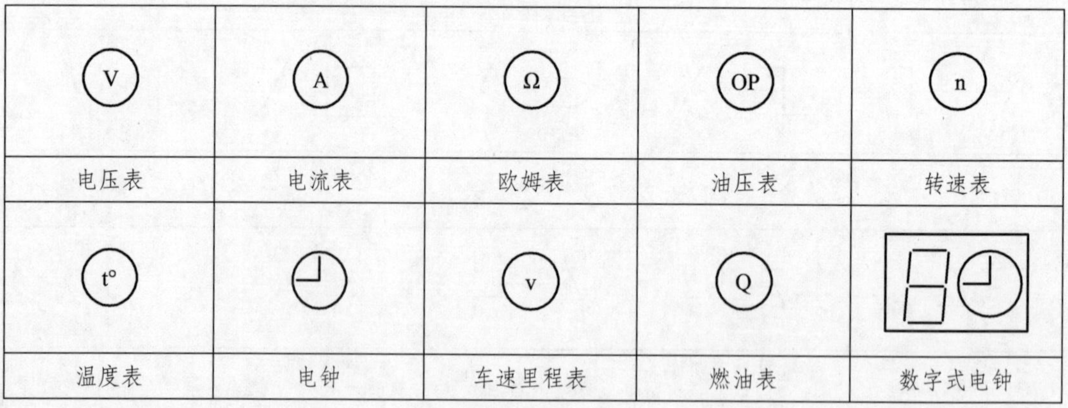

V
A
Ω
OP
n
电压表
电流表
欧姆表
油压表
转速表
t°
v
Q
温度表
电钟
车速里程表
燃油表
数字式电钟

（g）仪表符号

图1-10　常见电气符号

项目二
电源系统检修

学习引入

本项目主要学习电源系统各部件的检查及维修方法，即电源系统的常见故障及其合理的处理措施。

学习目标

（1）描述电源系统在使用过程中的注意事项。

（2）掌握电源系统各电路的工作原理。

（3）描述蓄电池、发电机的基本检查流程。

（4）规范地使用工具设备对电源系统进行基本的故障维修。

学习任务

学习任务一

蓄电池检修

学习任务二

发电机检修

学习任务三

电源系统电路检修

学习任务一　蓄电池检修

相关知识

一、蓄电池的结构

汽车蓄电池由3只或6只单格电池串联而成，每只单格电池电压约为2 V，串联成6 V、12 V或者24 V以供汽车选用。普通铅酸蓄电池主要由极板、隔板、电解液、外壳、联条等组成，如图2-1所示。

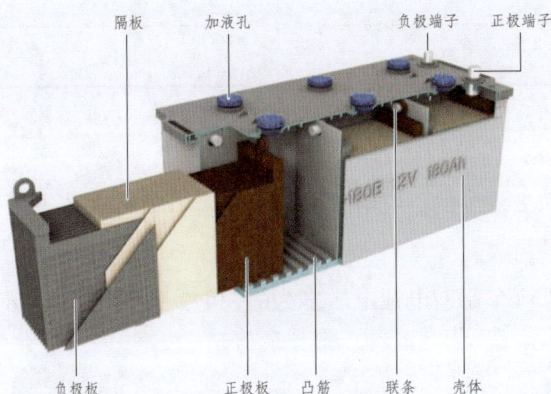

图2-1　蓄电池的结构

蓄电池结构

1. 极板

极板是蓄电池的核心，分为正极板和负极板。蓄电池极板由栅架和活性物质组成，如图2-2所示，活性物质填充在铅锑合金铸成的栅架上。蓄电池充、放电过程中，电能和化学能的相互转换是依靠极板上活性物质和电解液的化学反应来实现的。

2. 隔板

隔板的作用是将相互紧靠的正、负极板隔开，防止相互接触而短路，如图2-3所示。隔板料应具有良好的耐酸性和抗氧化性。常用的隔板有木质隔板、微孔橡胶隔板、微孔塑料隔板、玻璃纤维隔板和纸板等。隔板通常一面带有沟槽，安装时，有沟槽面应对着正极板，且与底部垂直，以便于电解液的流通、脱落活性物质的下沉及气泡的逸出。

图2-2　蓄电池极板

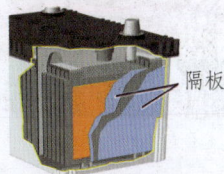

图2-3　隔板位置图

3. 电解液

电解液是蓄电池内部发生化学反应的主要物质，由纯净硫酸和蒸馏水按一定的比例配制而成。蓄电池电解液的密度一般为 $1.24 \sim 1.31$ g/cm^3，使用中密度应根据地区、气候条件和制造厂的要求而定，见表2-1。对于透明塑料容器的蓄电池，可以通过观察液面高度指示线来检查电解液的液面高度，如图2-4所示。

图2-4　电解液

表2-1　不同气温下电解液密度的选择

适用地区最低温度/ ℃	冬季/（g·cm）	夏季/（g·cm）
< -40	1.30	1.26
$-30 \sim -40$	1.28	1.25
$-20 \sim -30$	1.27	1.24
$0 \sim 20$	1.26	1.23

4. 外壳

蓄电池的外壳是用来盛放电解液和极板组的。它必须耐酸、耐温、耐寒、抗震，并具有足够的机械强度，一般采用橡胶或塑料制成。

一个整体的外壳分成若干个单格。汽车用蓄电池电压多为6 V和12 V两种规格，6 V蓄电池分为三个单格，12 V蓄电池分为六个单格。

5. 联条

联条的作用是将单体电池串联起来，提高整个蓄电池的端电压。单体电池的串联方式有传统外露式、内部穿壁式和跨越式三种，如图2-5所示。

6. 极桩

极桩有圆锥形和L形等形式，如图2-6所示。为便于识别，在正极桩的上方或旁边标刻有"＋"（或P）标记，负极桩的上方或旁边标刻有"－"（或N）标记，或者在正极桩上涂红色油漆。

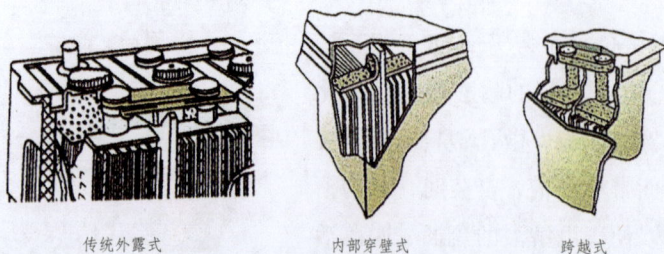

传统外露式　　　内部穿壁式　　　跨越式

图2-5　单体电池的连接方式

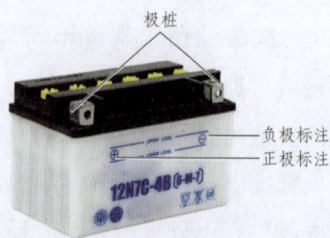

图2-6　极桩

二、蓄电池工作原理

铅蓄电池的充放电过程是可逆的，是由极板上的活性物质与电解液的电化学反应来实现的。电池充满电时，正极板活性物质为二氧化铅（PbO_2），负极板活性物质为海绵状纯铅（Pb）；放电时，正、负极板的活性物质都逐渐变为硫酸铅（$PbSO_4$），消耗电解液中的硫酸而产生水。蓄电池充、放电的过程如图2-7和图2-8所示，其反应方程式为：

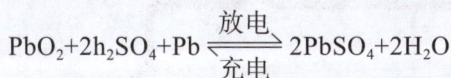

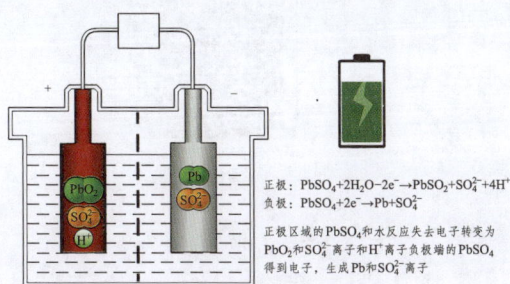

铅酸蓄电池
工作原理

$$PbO_2+2h_2SO_4+Pb \underset{充电}{\overset{放电}{\rightleftharpoons}} 2PbSO_4+2H_2O$$

正极：$PbSO_4+2H_2O-2e^-→PbSO_2+SO_4^{2-}+4H^+$
负极：$PbSO_4+2e^-→Pb+SO_4^{2-}$

正极区域的$PbSO_4$和水反应失去电子转变为$PbSO_2$和SO_4^{2-}离子和H^+离子负极端的$PbSO_4$得到电子，生成Pb和SO_4^{2-}离子

图2-7　蓄电池充电过程

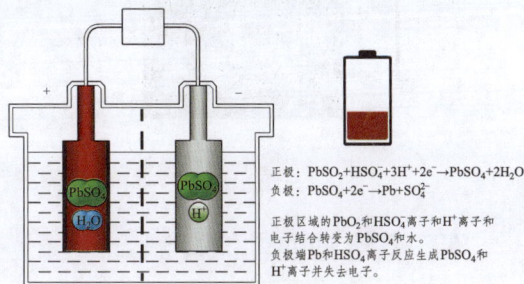

正极：$PbSO_2+HSO_4^-+3H^++2e^-→PbSO_4+2H_2O$
负极：$PbSO_4+2e^-→Pb+SO_4^{2-}$

正极区域的PbO_2和HSO_4^-离子和H^+离子和电子结合转变为$PbSO_4$和水。负极端Pb和HSO_4^-离子反应生成$PbSO_4$和H^+离子并失去电子。

图2-8　蓄电池放电过程

三、蓄电池功能

蓄电池是一种将电能以化学能的形式贮存并可将化学能转化为电能的装置。蓄电池是汽车上的两个电源之一，是一种可逆直流电源，其功能主要有三种：供电、储电和稳压。

（1）供电。在发电机不发电时或电压较低时，由蓄电池向用电设备供电（如起动发动机时，向起动系统、点火系统以及收音机、点烟器及常用灯光等供电）。蓄电池供电示意图如图2-9所示。

（2）储电。当发动机高速运转、发电机电压高于蓄电池的充电电压时，蓄电池将发电机发出的多余电能存储起来（充电）。蓄电池储电示意图如图2-10所示。

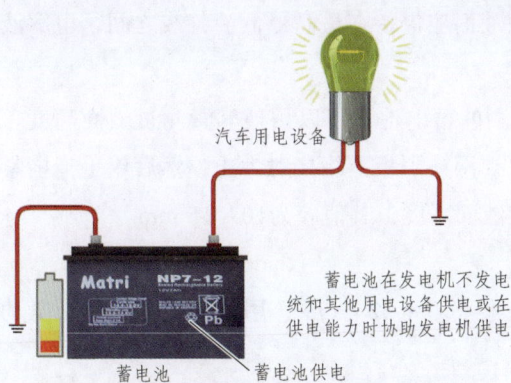

汽车用电设备

蓄电池在发电机不发电统和其他用电设备供电或在供电能力时协助发电机供电

蓄电池　　蓄电池供电

图2-9　蓄电池供电功能

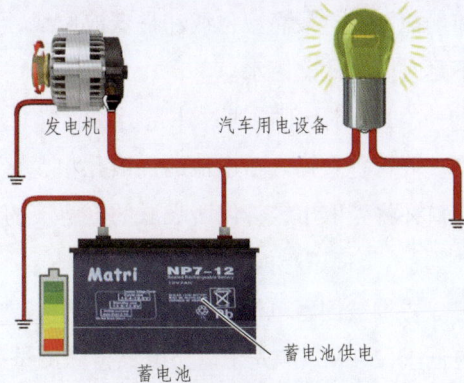

发电机　　汽车用电设备

蓄电池供电

蓄电池

图2-10　蓄电池储电功能

（3）稳压。蓄电池起到整车电气系统的电压稳定器作用，它可以吸收电路中的瞬时电压、缓和电气系统的冲击电压，保持汽车电气系统电压的稳定，保护汽车上的电子元件。蓄电池稳压示意图如图2-11所示。

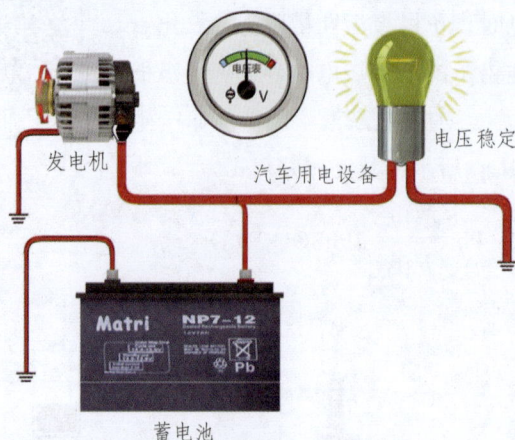

图2-11　蓄电池稳压功能

蓄电池功能

四、蓄电池的性能检测

蓄电池外壳出现裂纹，除了用肉眼观察之外，还可用以下方法检查。

1. 蓄电池外壳的检查

（1）将蓄电池壳注满电解液，然后搁置24 h，查看其有无渗漏痕迹。

（2）将蓄电池加注稀硫酸溶液（相对密度为1.1）至离蓄电池外壳上边缘2 mm，然后将蓄电池放入充满相同相对密度的稀硫酸溶液的容器中，并使蓄电池壳内与容器中的液面高度一样。将一个电极与电源相连，另一个电极与电压表相连，此时若电压表指针发生偏转，即表明壳有渗漏；反之，说明其外壳完好。还可用相同方法检查蓄电池相邻单格之间的隔板是否完好。

2. 电解液液面高度的检查

（1）对于透明或半透明塑料壳体的蓄电池，可以直接通过外壳上的液位线检查。壳体前侧面上标有最高液位线和最低液位线，电解液液面应保持在最高最低液位线之间，电解液不足时应加注蒸馏水。

（2）对于不能通过外壳上的液位线进行检测的蓄电池，可以用玻璃管测量液面高度。将玻璃管垂直插入蓄电池的加液孔中，直到与保护网或隔板上缘接触为止，然后用手指堵紧管口并将管取出，管内所吸取的电解液的高度即液面高度，其值应为10～15 mm。

3. 负荷试验检测

要求被测蓄电池存电75%以上。若电解液密度低于1.22 g/cm^3，用万用表测得静止电动势低于12.4 V，应先予以充电，再做测试。

（1）高率放电计检测。高率放电计通过模拟接入起动机负荷，测量蓄电池在大电流

（接近起动机起动电流）放电时的端电压用以判断蓄电池的放电程度和起动能力。

① 单格高率放电计检测：测量时将高率放电计的两触针紧压在蓄电池单格的正、负极柱上，观察放电计的电压值并作好记录。分别测量各个单格电池在大电流放电情况下的端电压，然后进行比较判断。性能好存电足的蓄电池各单格电池的端电压在1.5 V以上，并在5 s内电压基本稳定。如果各单格电池的电压低于1.5 V但在5 s内尚能稳定者，说明蓄电池性能尚可，但存电不足，应进行补充充电。单格电压低于1.5 V，并在5 s内电压迅速下降的，说明蓄电池有故障。若某单格电池电压指示过低甚至为零，则说明该单格电池内部有短路、断路或严重硫化等故障。表2-2为负荷电压与放电程度的关系，表中的电压数值，上限适用于新的或容量较大的蓄电池，下限适用于一般蓄电池。

表2-2　高率放电计测得单格电池电压与放电程度关系

单格电池电压/V	放电程度/%Q_e
1.7～1.8	0
1.6～1.7	25
1.5～1.6	50
1.4～1.5	75

② 整体电池高率放电计检测：测量时用力将放电计触针刺入蓄电池正负接线柱，保持15 s，若电压稳定在10.6～11.6 V，说明蓄电池存电充足；若蓄电池电压能保持在9.6 V以上，说明电池性能良好；若在测试过程中电压迅速下降，则表示蓄电池已损坏。

（2）起动测试。在起动系正常的情况下，以起动机作为试验负荷。拔下电子燃油泵保险丝，将万用表置于电压挡，接在蓄电池正负极上，接通起动机3～5 s，读取电压表数值，对于12 V的蓄电池，应不低于9.6 V。

五、蓄电池故障分析

蓄电池的故障可分为外部故障和内部故障。其外部故障主要有外壳裂纹、封口胶干裂、极柱腐蚀和松动；内部故障主要有极板硫化、自行放电、极板短路和极板活性物质脱落。下面详细介绍蓄电池的内部故障。

1. 极板硫化

（1）故障现象：内阻显著增大，极板上生成白色粗晶粒硫酸铅的现象称为硫酸铅硬化，简称"硫化"。极板硫化主要发生在负极板上，是导致蓄电池寿命终止的主要原因。

（2）故障特征：① 极板颜色不正常；② 放电时端电压下降快，充电时端电压上升快，电池容量降低；③ 电解液密度低于正常值，充电时密度增加很慢；④ 充电时单格电压上升很快或单格电压过高（2.8～3.0 V）；⑤ 易早沸腾。

（3）故障主要原因：① 蓄电池长期充电不足或放电后不及时充电，当温度变化时，硫酸铅发生再结晶；② 蓄电池液面过低，极板上部发生氧化后与电解液接触，生成粗晶粒硫酸铅；③ 电解液密度过高；④ 电解液中含有较多杂质；⑤ 气温变化剧烈。

（4）故障处理方法：① 程度轻的采用过充电法；② 程度较严重的采用小电流长时间过充电法；③ 程度严重的采用水处理法。

（5）防硫化措施：① 保证蓄电池经常处于充足电状态；② 汽车上的蓄电池定期送充电间彻底充电；③ 放完电的蓄电池在24 h内送充电间充电；④ 电解液液面高度应符合规定。

2. 自行放电

（1）故障现象：充足电的电池，30天内，每昼夜容量降低超过2%。

（2）故障特征：电池不用时，电能自行消耗。

（3）故障主要原因：① 使用因素包括电解液杂质过多、电解液密度偏高、电池表面不清洁、电池长期不用；② 结构因素包括未使用专用硫酸配制电解液、配制用器皿为非耐酸材料且不防脏物掉入的材料、电池盖和电池塞未装好、未经常清洁表面且保持干燥。

（4）故障处理方法：对于自放电严重的蓄电池，若是因为电解液不纯引起的自放电，可以将蓄电池完全放电或过度放电，使极板上的杂质进入电解液，然后将电解液倒出，用蒸馏水将蓄电池仔细清洗干净，最后加入新电解液重新充电。

3. 极板短路

（1）故障现象：无法起动；蓄电池无电压。

（2）故障特征：① 充电时电解液温度迅速升高；② 电压和密度上升很慢；③ 充电末期气泡很少；④ 高率放电计试验时，电压迅速下降；⑤ 易早沸腾。

（3）故障主要原因：① 隔板损坏；② 极板拱曲；③ 活性物质大量脱落。

（4）故障处理方法：解体、更换极板或隔板。

4.极板活性物质脱落

（1）故障现象：蓄电池的电解液浑浊，有褐色物质浮出。活性物质脱落主要在正极板上发生，是蓄电池过早损坏的主要原因之一。

（2）故障特征：① 蓄电池的容量明显下降；② 充电时，单格电池的端电压上升快，电解液过早出现沸腾现象，电解液密度不能达到规定的最大值；③ 放电时，蓄电池的容量明显下降。

（3）故障主要原因：① 充电电流过大；② "过充"时间长，冲击极板上的活性物质；③ 低温大电流放电造成极板拱曲；④ 电解液不纯；⑤ 汽车行驶时颠簸、振动。

（4）故障处理方法：① 程度轻的采用清洗后更换电解液的方法；② 程度严重的采用更换极板或直接报废的方法。

任务实施

蓄电池的检查

1. 前期准备

如图2-12所示，关闭点火开关、灯光、空调等所有的用电设备。拉紧驻车制动手柄，换挡杆置于P挡。

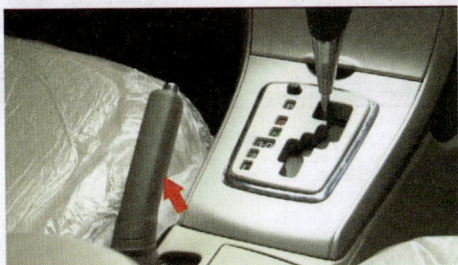

图2-12　换挡杆置于P挡

蓄电池的检查

> ⚠️ **注意事项**
>
> 确保关闭所有的用电设备。

2. 外部检查

如图2-13所示，检查蓄电池封胶有无开裂和损坏，检查蓄电池是否有腐蚀物，如有则用铜丝刷子清洁，直到裸露出金属。检查极柱有无破损，壳体有无泄漏；若有应修复或更换，或后用温水清洗蓄电池外部的灰尘和泥污，再用碱水清洗。清洗后疏通加液盖通气孔，用钢丝极柱接头清洗器除去极柱和接头上的氧化物，并涂一层薄薄的工业凡士林或润滑脂。

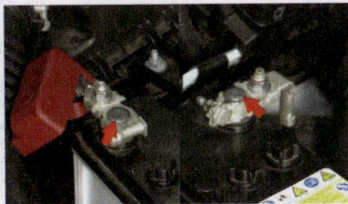

（a）检查蓄电池外壳　　　　（b）检查蓄电池电缆接头　　　　（c）清洁蓄电池

图2-13　检查蓄电池

3. 检查蓄电池电压

检查蓄电池电压如图2-14所示。

1）检查蓄电池静态电压

① 打开万用表，选择直流电压20 V挡。

② 清洁正负极柱顶端及正负极电缆接头。

③ 将红黑表笔与蓄电池正负极柱顶端连接，观察并记录电压读数（蓄电池正常电压值范围是12～12.6 V）。

④ 将万用表开关置于OFF挡，并放回工具车上。

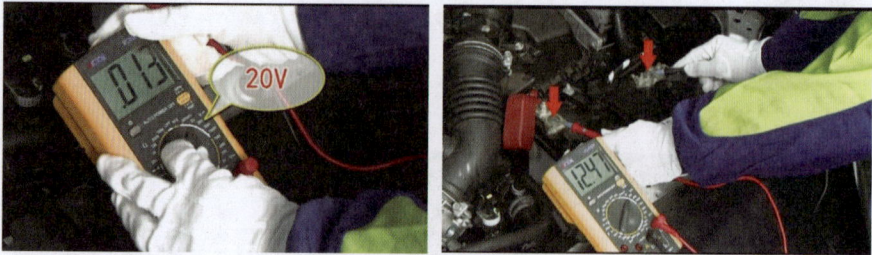

（a）将万用表打至直流电压20 V挡　　　（b）连接万用表后观察记录电压读数

图2-14　检查蓄电池电压

⚠ **注意事项**

　　测电压时，表笔要接触蓄电池的极柱上方，不能与正负极电缆接头相连。
　　确保关闭所有的用电设备。

2）检查蓄电池起动时电压

检查蓄电池起动时电压如图2-15所示。

① 打开中央继电器盒盖，找到喷油器电源保险丝，使用保险丝拔取夹，拔下喷油器电源保险。

② 选用万用表，将其直流电压调至20 V挡，将万用表红黑表笔分别与蓄电池正负极柱顶端连接。将点火开关转至"START"位置，并保持在3～5 s内。

③ 读取万用表最低电压显示值，正常时蓄电池电压应大于或等于9.6 V，否则应用高率放电计或蓄电池性能检测仪进一步检查，以确定是否需要充电或更换蓄电池。

（a）拔掉喷油泵保险丝　　　（b）检查蓄电池起动电压

起动时蓄电池
电压检查

图2-15　检查蓄电池起动时电压

⚠ **注意事项**

　　起动时间不超过10 s，再次起动测试时，要间隔15 s以上。

4. 检查蓄电池电解液

检查蓄电池电解液如图2-16所示。

1）检查电解液液位

正常情况下，电解液液位应在上下刻度线之间；如果电解液液位低于下限，则适当加注蒸馏水（天气寒冷时，添加蒸馏水后应立即充电以防结冰）。用手拧下加液孔盖，检查外观有无损坏，通气孔是否畅通。检查完后，将加液孔盖放置于工具车上。观察电解液是否浑浊。如果浑浊，则需更换蓄电池。

检查电解液及液位

(a) 检查电解液液位　　　　　(b) 检查加液孔盖　　　　　(c) 观察电解液

图2-16　检查蓄电池电解液

> ⚠️ **注意事项**
>
> 　　测量外壳不透明的蓄电池电解液液位时，应用玻璃管吸取极板上方的电解液观察液面高度，应在10～15 mm范围内。如果电解液液位低于下限，则适当加注蒸馏水。
>
> 　　用玻璃管吸取电解液时，要防止电解液滴落。如有滴落，应立即用蘸有苏打水的清洁布清洁。

2）检查电解液密度

① 清洁密度计棱镜表面，如图2-17所示。

② 在棱镜表面的中间位置滴一滴蒸馏水进行校零，如图2-18所示。

③ 先用纸后用清洁布清洁密度计棱镜表面与盖板。用玻璃管从蓄电池一个单格中蘸少许电解液，滴在棱镜表面的中间位置，合上盖板轻轻按压，如图2-19所示。

图2-17　清洁密度计棱镜表面　　　图2-18　在棱镜表面中间滴一滴蒸馏水进行校零　　　图2-19　在棱镜表面中间滴一滴电解液

④ 将密度计对向明亮处，旋转目镜使视场内刻度线清晰，读出明暗分界线在标示板上相应标尺上的数值。读取数据（见图2-20）并与标准数据进行对比，如表2-3所示。

图2-20　读取数据

⚠ **注意事项**

测量电解液密度时，要防止电解液沾在皮肤和眼睛上，以防烧伤。如果沾上，应立即用苏打水洗净。

表2-3　电解液密度测量标准

检测内容	检测条件	标准数据
电解液密度	20 ℃	$1.25 \sim 1.29 \ g/cm^3$

如果读数低于标准值，则表示电量不足，需要充电。

按照上述同样方法，测量其他单格的电解液密度。

⑤ 测试完毕，清洁棱镜表面与盖板（先用纸巾后用清洁布）。将仪器放还于包装盒内（见图2-21），放到工具车上，并将通风孔塞装回到蓄电池上并旋紧。

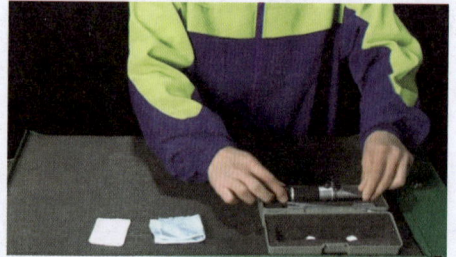

图2-21　将密度计清洁后放回包装盒

3）调整电解液密度

（1）根据所测电解液密度情况进行调整：

① 若所有单格电解液密度值均低于标准值，则需添加电解液原液。

② 若所有单格电解液密度值均高于标准值，则需添加蒸馏水稀释。

③ 若仅个别单格电解液密度不符合标准值，则视情况调节。

（2）调整所有单格电解液液面高度一致，使电解液液位在上下刻度线之间或高于极板10 ~ 15 mm。

（3）调整完后，将加液孔盖安装到蓄电池上并旋紧。

5. 检查蓄电池性能

① 将高率放电计的红色线夹夹持于蓄电池正接线柱上，将高率放电计的黑色线夹夹持于蓄电池负接线柱上（见图2-22）。

② 将按钮按下（时间不得超过10 s，否则会烧坏高率放电计），待电压稳定，观察并记录读数（见图2-23）。正常值在10 V以上，否则蓄电池亏电或蓄电池已损坏。

蓄电池性能检查

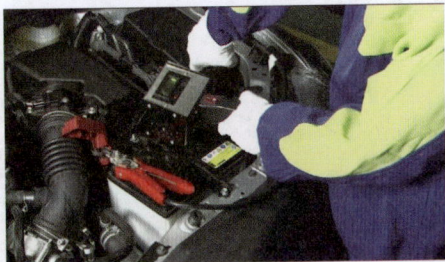

图2-22 将高率放电计的线夹夹持于蓄电池上　　图2-23 读取电压数值

③ 测试完毕后，将高率放电计线夹与蓄电池线柱分离。

6. 蓄电池充电

1）蓄电池充电方法

蓄电池充电方法有：定流充电、定压充电和快速脉冲充电等。最常见的充电方法是定压充电（见图2-24）。

① 将充电机的输出电缆线正、负极分别与蓄电池正、负接线柱相连。

② 将充电机接在220 V的交流电源上，并选择合适的电压。确认将充电电流调到最小值。

蓄电池充电

③ 打开充电机的电源开关，并选择合适的电流挡位和合适的充电时间。

④ 充电完毕，关闭充电机电源开关，分离充电机负极电缆与蓄电池负极接线柱。

（a）连接电缆线　　　　　　　　（b）打开充电机电源开关

图2-24 蓄电池充电方法

⚠ **注意事项**

蓄电池充电时，附近不能有火花，禁止抽烟。

打开充电机的开关之前，要确定充电电流调到最小值。

2）蓄电池充电检测

① 用万用表测量蓄电池端电压是否上升至最大值，且2～3 h内不再下降。

② 观察电解液中是否产生大量气泡，呈沸腾状态。

③ 检查蓄电池电解液密度，记录检测数据，若所测电压值和电解液密度不在标准范围内，则蓄电池有故障，需检修。

7. 检查蓄电池性能

1）拧松负极接头螺母

打开隔热棉的两个固定纽扣，可以看到正、负极接头上有红黑两个绝缘罩，翻开绝缘罩就可以看到锁紧螺母。

2）拆开负极接头

用扳手或六角套筒拧开负极的紧固螺母（见图2-25），再用一字螺丝刀慢慢撬开紧固块，接着即可拆开负极接头（见图2-26）。按照同样的方法取下正极电缆。

拆卸蓄电池

图2-25　旋出蓄电池压板外侧的固定螺栓

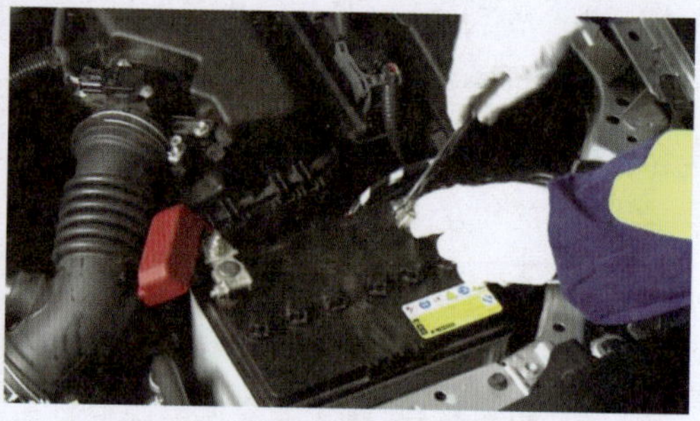

图2-26　断开蓄电池负极电缆

> ⚠ **注意事项**
>
> 　　拆卸蓄电池正、负极电缆接头时，必须先拆负极接线柱。
> 　　取下蓄电池时，要防止跌落，严禁在地上拖拽、翻转。

3）拆开锁紧带

拧开用于固定蓄电池的锁紧带的螺母，松开锁紧带，进而将蓄电池取出。

4）安装蓄电池

（1）检查蓄电池底座有无裂纹和破损，如有，应更换。

（2）检查蓄电池支撑座（见图2-27）有无腐蚀或变形，如果有，应清洁或修复。

（3）检查蓄电池型号是否正确。

（4）将蓄电池对正平放在底座的凹槽中（见图2-28）。

安装蓄电池

图2-27　检查蓄电池支撑座

图2-28　将蓄电池放在底座的凹槽中

（5）将钩形螺杆与支撑座相连（见图2-29），将压板对正安装位置，旋入固定螺栓并拧紧固定螺母及螺栓。

（6）安装蓄电池正极电缆，并拧紧固定螺母确保安装牢固（图2-30）；装上蓄电池正极保护盖。安装蓄电池负极电缆，并确保安装牢固。

（7）检查起动时蓄电池电压（图2-31）。

图2-29　将钩形螺杆与支撑座相连	图2-30　安装蓄电池电缆	图2-31　检查起动时蓄电池电压

5）复位

①清洁作业所用工具以及设备，并将其归位。

②拆除车辆防护三件套。

③收音机、时钟等设备复位。

8. 项目检查

通过以上步骤的检查与维修，工作结束时，进行维修质量的验证，起动车辆，检查车辆运行是否正常。

学习任务二　发电机检修

相关知识

一、交流发电机的结构

发电机的作用是将来自发动机的机械能转变成电能，机械能通过皮带轮传给发电机。

皮带轮带动转子转动产生交流电，然后经二极管整流器整流变成直流电。电压调节器对发电机的输出电压进行调节控制，使其保持基本恒定，以满足汽车用电设备的需求。

交流发电机的主要部件：产生磁场的转子、产生交流电的定子以及整流用的二极管。此外，还有为了产生磁场而将电流提供给转子的电刷和滑环，使转子平滑转动的轴承，冷却转子、定子及二极管的风扇。所

交流发电机的结构

有这些部件均装在前后机架上，如图2-32所示。

外罩　电刷　整流器　定子　滑环　风扇　风扇　前端盖
电压调节器　后端盖　转子　轴承　皮带轮

图2-32　交流发电机的结构

1. 转子

转子是交流发电机的磁场部分，其功用是产生旋转磁场，主要由转子轴、励磁绕组、两块爪形磁极（爪极）、滑环等组成，如图2-33所示。

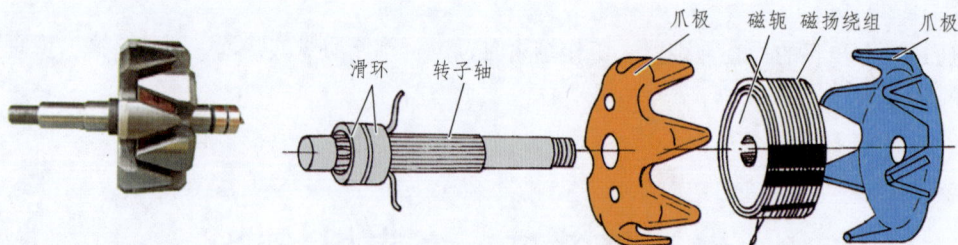

滑环　转子轴　爪极　磁轭　磁扬绕组　爪极

图2-33　交流发电机转子的结构

2. 定子

定子的功用是产生交流电，也称作电枢，由定子铁心和定子绕组组成。定子铁心一般由一组相互绝缘的且内圈带有嵌线槽的圆环状硅钢片叠制而成。嵌线槽内嵌入三相对称的定子绕组，如图2-34所示。

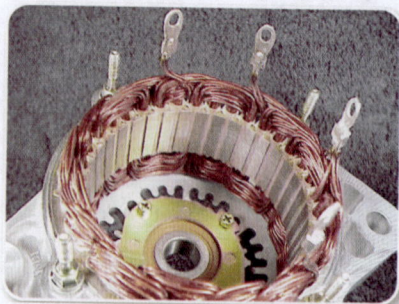

3. 交流器

整流器的功用：将定子绕组产生的三相交流电变成直流电输出；阻止蓄电池的电流向发电机倒流。整流器一般由六个硅二极管接成三相桥式全波整流电路。其整流二极管的特点是工作电流大、反向电压高，整流器如图2-35所示。

图2-34　发电机定子结构

4. 端盖

前后端盖用非导磁性材料铝合金制成，漏磁少，并具有轻便、散热性好等优点。在后端盖内装有电刷架和电刷。汽车上使用的发电机的前后端盖上通常设有通风口。当传动带轮和风扇一起旋转时，可使空气高速流经发电机内部进行冷却。

5. 电刷组件

两只电刷装在电刷架的方孔内，利用弹簧的压力使其与集电环保持良好的接触。电刷与电刷架的结构有外装式和内装式两种，其构造如图2-36所示。

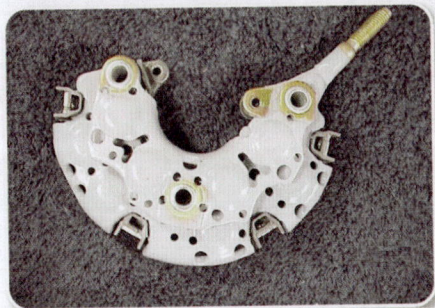

图2-35　整流器

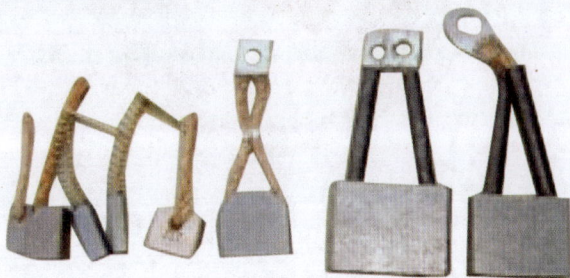

图2-36　电刷与电刷架

搭铁电刷的引出线用螺钉直接固定在后端盖上（标记"－"），此方式称为内搭铁；如果此碳刷的引出线与机壳绝缘接到后端盖外部的接线柱上（标记F2），这种方式称为外搭铁。

6. 风扇

一般用1.5 mm厚的钢板冲制或用铝合金压铸而成，并用半圆键装在前端盖外侧的转轴上，在发电机工作时，对其进行冷却。

二、交流发电机工作原理

交流发电机产生交流电的基本原理（见图2-37、图2-38、图2-39）是电磁感应原理，即利用产生磁场的转子旋转，使穿过定子绕组的磁通量发生变化，在定子绕组内产生感应电动势。

根据电磁感应原理，当转子绕组中通入直流电时，会产生磁场。

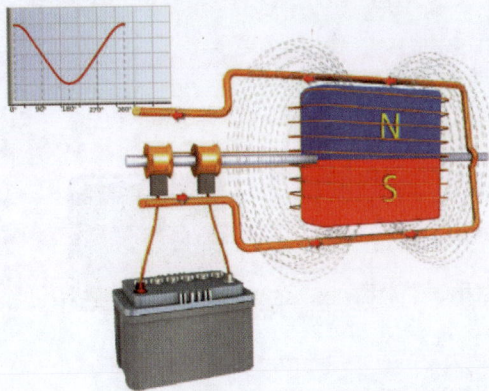

图2-37　交流发电机组工作原理（1）

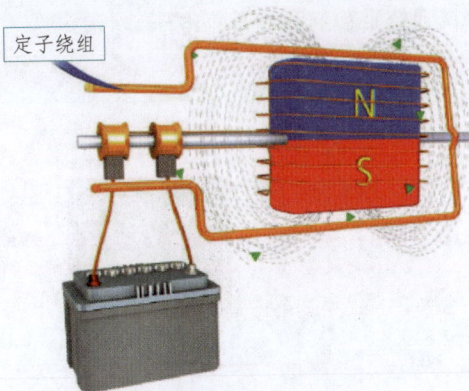

定子绕组

图2-38　交流发电机组工作原理（2）

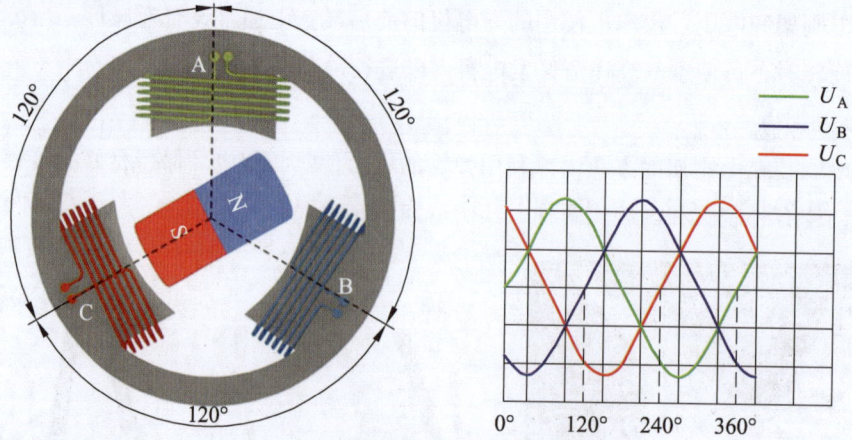

图2-39　交流发电机组工作原理（3）

　　随着转子转动，穿过定子绕组的磁通量发生变化，在定子绕组中产生不断变化的感应电流。

　　交流发电机在转子外部采用三相对称绕组，当转子旋转时，旋转的磁场和三相绕组之间产生相对运动，在三相绕组中分别产生交流电流。

三、交流发电机的整流原理

　　交流发电机以硅二极管为整流器，将交流电变成直流电。整流器中6个硅二极管分正、负二极管。任一瞬间，正二极管中哪一相绕组的电压最高（即正极电位最高），则与该相绕组相连的二极管导通。同时，负二极管中哪一相绕组的电压最低（即负极电位最低），则与该相绕组相连的二极管导通。如此不断循环，输出较平稳的脉冲直流电压。交流发电机组整流原理如图2-40所示。线路中装一只整流管时，只能让单一方向的电流通过，反方向则不能流过，称为半波整流；线路中装两只整流管时，正反方向的电流都能利用，称为全波整流。利用二极管的单向导电性，整流器将三相交流电转变为直流电。在任一瞬间，VD1、VD3、VD5中正极电位最高者导通，同时VD2、VD4、VD6中负极电位最低者导通，不断循环，R两端得到较平稳的脉冲直流电压。

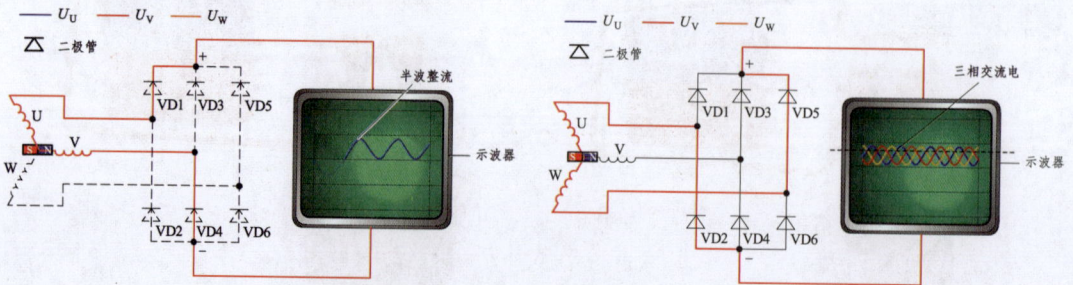

图2-40　交流发电机组整流原理

四、发电机的就车检修

发电机就车检查主要是发电机无负载情况下测试发电机电压是否保持在一恒定的水平、发电机带负载情况下测试发电机输入电流和功率。

> ⚠ **注意事项**
>
> 在做发电机无负荷测试和发电机带负荷测试之前，先检查发电机皮带、蓄电池和充电电路。

1. 发电机无负载测试

（1）连接电流表和电压表。

（2）关闭所有的用电设备。

（3）起动发动机保持转速2000 r/min。

（4）查看电流表，电流应小于10 A。

（5）检查电压表电压，应在13.5 V与15.1 V之间。

（6）如果电压大于额定值，可能IC调节器有故障；如果电压小于额定值，可能是除IC调节器外的发电机元件有故障。

2. 发电机满载测试

无负载测试后继续进行发电机满载测试。

（1）打开用电设备，增大发电机负载。

（2）观察电流表电流，随着用电设备增多，发电机输出电流将逐步增大到最大输出电流。达到最大输出电流后，电流基本不变（一般小轿车发电机最大输出电流为30 A）。

（3）电流不能达到发电机最大输出电流，可能发电机的发电和整流部分有故障。

> ⚠ **注意事项**
>
> 如果打开的用电设备少，发动机输出电流不会达到最大电流值。

五、电压调节器的功用

电压调节器是把发电机输出电压控制在规定范围内的调节装置，其功用是：在交流发电机转速和发电机上的负载发生变化时，通过自动调节发电机的磁场电流大小而使发电机输出电压保持恒定，既防止电压过高而损坏用电设备，又避免蓄电池过量充电，同时也防止发电机电压过低而导致用电设备工作失常和蓄电池充电不足。

六、电压调节器的基本工作原理

根据电磁感应原理，发电机的感应电动势为$E_0=Cn\Phi$，即在发电机结构型式固定的条件下，感应电动势E与发电机转速n和磁通Φ成正比。因此，要在转速n变化时维持发电机电压恒定，就必须相应的改变磁极磁通Φ。因为磁极磁通Φ取决于磁场电流的大小，所以在发电机转速变化时，只要自动调节磁场电流，就能使发电机电压保持恒定。电压调节器就是利用自动调节磁场电流使磁极磁通改变这一原理来调节发电机电压的。

任务实施

一、发电机的拆卸与检修

1. 检查发电机外围（图2-41）

（1）确认发电机离合器皮带轮安装是否牢靠，且锁止功能良好。检查驱动皮带外观、挠度和张力。

（2）检查并确认发电机配线，目视并徒手检查连接器情况是否松动，保证连接牢靠。

若连接不良，则重新连接。

若线束断裂或裸露，则维修或更换发电机线束。

图2-41 检查发电机外围

（3）检查发电机是否有异响。

（4）检查充电警告灯电路。

2. 拆卸发电机

步骤如二维码中内容所示。

拆卸发电机

3. 分解发电机

（1）拆卸发电机皮带轮。（2）拆卸发电机端盖。（3）拆卸电刷架总成。（4）拆卸发电机线圈总成。（5）拆卸发电机转子总成。（6）拆卸轴承挡片。

检查发电机配线

分解发电机

4. 检查发电机

（1）检查发电机离合器皮带轮。

① 检查离合器皮带轮外观无破损，如图2-42所示。

② 固定皮带轮外圈，使用专用工具，转动皮带轮内圈，皮带轮内圈顺时针打滑，逆时针锁止。

（2）检查电刷总成。

① 目测电刷架表面无破损。

② 推入两个电刷，检查回位无卡塞。

③ 使用游标卡尺测量电刷架内壁到电刷顶部的长度（图2-43），读取测量值。标准数据参考表2-4。

检查发电机
离合器皮带轮

图2-42　检查发电机离合器皮带轮

图2-43　检查电刷的外露长度

表2-4　电刷外露长度标准数据

检测内容	检测条件	标准数据
电刷架外露长度	20 ℃	标准9.5～11.5 mm
		最小4.5 mm

⚠ **注意事项**

测量电刷长度时，内测量爪必须靠近电刷中心线。

（3）检查电刷总成。

① 检查发电机转子绕组电路。使用万用表测量转子绕组之间的电阻，如图2-44所示。标准数据参考表2-5。

② 检查发电机转子搭铁电路。使用万用表测量其中一个滑环与转子之间的电阻如图2-45所示。

标准数据参考表2-6。

图2-44　检查发电机转子绕组间的电阻

图2-45　检查滑环与转子间的电阻

表2-5　转子绕组间的电阻标准数据

检测内容	检测条件	标准数据
滑环—滑环	20 ℃	2.3～2.7 Ω

表2-6　滑环与转子间的电阻标准数据

检测内容	检测条件	标准数据
滑环—转子	—	≥1 MΩ

③ 检查发电机转子外观。

检查并确认转子滑环有无脏污，如有，应及时清洁。观察发电机转子轴承没有变粗糙或磨损。如有必要，更换发电机转子总成。

检查滑环表面有无沟槽，如有，应打磨掉沟槽。用游标卡尺测量滑环直径，如图2-46所示。标准数据参考表2-7。

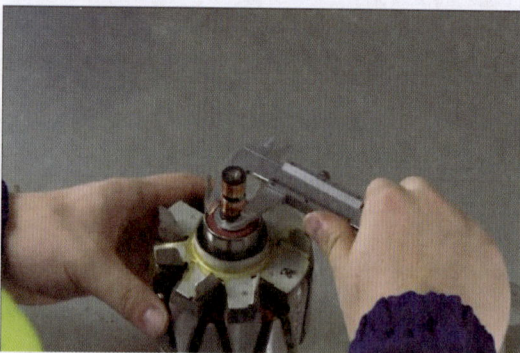

图2-46　测量滑环直径

表2-7　滑环直径标准数据

检测内容	检测条件	标准数据
滑环直径	—	标准14.2～14.4 mm
		最小14.0 mm

（4）检查发电机定子。

① 检查定子三相绕组电路。

万用表的一个表笔接三相绕组的中性点，另一表笔分别接绕组的三个首端。电阻值应接近0且相等。如果有一相电阻值为∞，则该相断路。

② 检查三相绕组与铁心绝缘情况。

将万用表的一个表笔接定子铁心，另一表笔依次接三个绕组首端，如指示∞，说明绕组绝缘情况良好。如指示为零或电阻很小，说明至少有一相绕组搭铁，需进一步检查。将中性点断开，使三相绕组导线分离。然后按照上一步检测方式重新检测，若测得某一相电阻为0或电阻极小，说明该相绕组已搭铁或绝缘不良。对搭铁绕组仔细观察，发现搭铁部位，可做应急包扎处理。如不能处理，或定子绕组已烧坏发黑，应拆除重绕。

③检查三相绕组之间绝缘情况。

断开三相绕组的中性点，将万用表的一表笔接一相绕组的首端，另一表笔分别接其余两个绕组的首端，正常值为∞。如测得的阻值为0或有一定数值，说明该两相绕组短路或绝缘不良。

（5）检查发电机整流器。

①检查二极管。

万用表置于R×1挡，红表笔接元件板，黑表笔分别接三只管子的引线，检测并记录电阻值与表2-8标准数据进行比对。

表2-8　二极管电阻标准数据

检测内容	检测条件	标准数据
二极管电阻	—	8～10 Ω

将万用表置于R×10挡，黑表笔接元件板，红表笔分别接三只管子的引线，检测记录电阻值与表2-9标准数据进行比对。

表2-9　二极管反向电阻标准数据

检测内容	检测条件	标准数据
二极管反向电阻	—	10 kΩ

若某整流管两次测得的电阻值都为0，表明该整流管已击穿损坏。若两次测得的电阻值均为∞，表明该整流管已断路损坏。

②检查二极管连线。

检查整流管引线与三相绕组焊接处是否松动，如有，应焊接牢固。

（6）检查发电机驱动端端盖轴承，如图2-47所示。

①检查发电机驱动端端盖表面无破损。

②用手旋转轴承内圈，确认轴承旋转无异响。

图2-47　检查发电机驱动端端盖轴承

二、组装发电机

（1）安装驱动端端盖挡片。

（2）安装发电机转子总成。

（3）安装发电机线圈总成。

（4）安装发电机电刷架总成。

（5）安装发电机后端盖。

（6）安装发电机皮带轮。

组装发电机

三、更换发电机总成

（1）安装发电机总成，确保安装到位。

（2）扶稳发电机，对齐安装孔，旋入发电机下端固定螺栓，然后安装上端固定螺栓。

（3）将组合皮带安装到皮带轮上，检查并确认皮带是否从曲轴皮带轮过空调压缩机皮带轮底部滑脱，如图2-48所示。

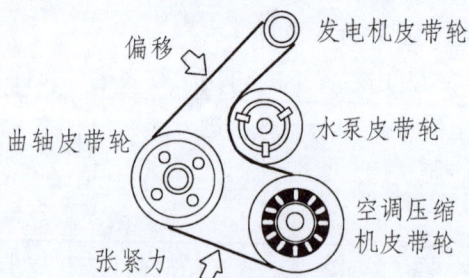

偏移　发电机皮带轮
曲轴皮带轮　水泵皮带轮
张紧力　空调压缩机皮带轮

图2-48　皮带组合安装

> ⚠ **注意事项**
>
> 检查并确认皮带是否正确安装到楔形槽中。

（4）旋入上、下两端固定螺栓，顺时针旋转发电机调整螺栓，使组合皮带逐渐收紧。当组合皮带收紧至固定张紧度时，旋紧上下两端固定螺栓。

> ⚠ **注意事项**
>
> 新皮带张紧度为637～735 N；使用过的皮带张紧度为392～588 N。

（5）使用指针式扭力扳手，将上端固定螺栓紧固至规定力矩，标准紧固力矩为19N·m。以同样方法紧固下端固定螺栓，标准紧固力矩为43 N·m。

（6）参照拆卸时的操作，完成余下的步骤。

> ⚠ **注意事项**
>
> 发电机端子B固定螺母，标准紧固力矩为9.8 N·m。

学习任务三　电源系统电路检修

相关知识

汽车电源系统主要由蓄电池、发电机、和电压调节器等组成。发电机负责对电池进行充电，使电池长期保持在足电状态。电池和发电机负责对全车的电器进行供电。

一、电源系统电路组成

汽车电源系统电路主要由三部分组成：电源主供电电路、发电机励磁电路及充电指示灯控制电路。电源主供电电路包括蓄电池和发电机正常发电后经输出端子对全车电气设备供电的电路；发电机励磁电路是维持发电机磁场绕组产生电磁场的供电电路，包括他励和自励两种励磁方式。充电指示灯控制电路包括：采用发电机中性点N输出电压控制、利用二极管直接控制及发电机磁场二极管进行控制三种方式。

二、汽车电源主供电电路

（1）在起动发动机期间，蓄电池向起动系、点火系、电子燃油喷射系统等其他用电设备供电，同时还向交流发电机提供励磁电流。

（2）当发动机中高速运转（发电机端电压高于蓄电池电压，而蓄电池又存电不足）时，由发电机向全车用电设备供电，其电流的走向是：发电机输出端子"＋"→点火开关→用电设备→搭铁→"－"。

（3）当发电机停转或怠速运转（发电机端电压低于蓄电池电压）时，由蓄电池向用电设备供电。

（4）当出现用电需求大于电源系统输出（即发电机超载）时，由蓄电池协助发电机供电。

三、汽车发电机励磁电路

发电机的励磁电路根据其控制方式的不同可分为调节控制和微机控制两种。

（1）调节器控制励磁电路。调节器控制励磁过程是先他励后自励。

由蓄电池供给磁场电流而发电的方式称为他励发电，如图2-49所示。发电机转速较低时，自身不能发电，需蓄电池供给发电机励磁绕组电流，他励绕组产生磁场来发电。他励励磁电流的走向为：蓄电池"＋"→点火开关→调节器→发电机F→励磁绕组→搭铁→"－"。

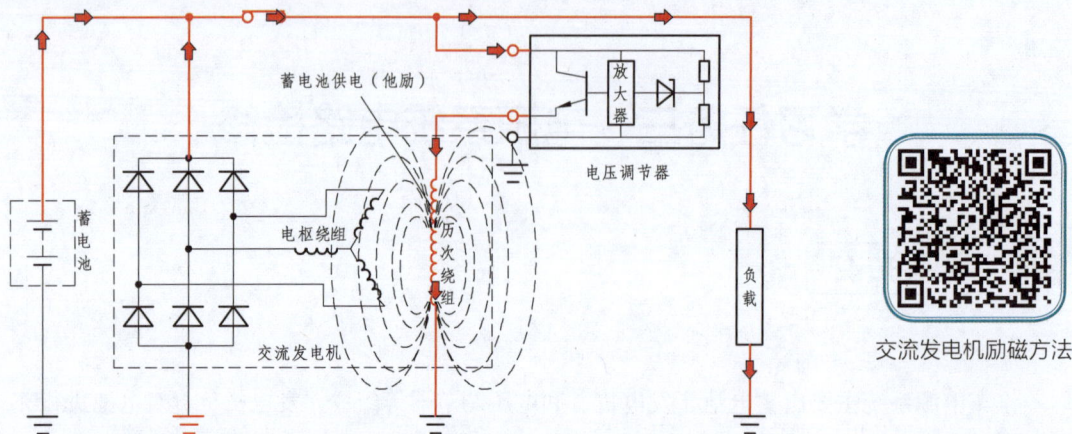

图2-49　他励发电

交流发电机励磁方法

随着转速的提高（一般在发动机转速达到怠速时），发电机定子绕组的电动势逐渐升高并能使整流器二极管导通。当发电机的输出电压大于蓄电池电压时，发电机就能对外供电了。当发电机能够对外供电时，就可以将自身发的电供给励磁绕组，这种自身供给磁场电流发电的方式称为自励发电，如图2-50所示。自励励磁电流的走向为：发电机"＋"→点火开关→调节器→发电机F→励磁绕组→搭铁→"－"。

不同的汽车励磁电路各不相同，但有一个共同点，励磁电路都必须由点火开关控制。

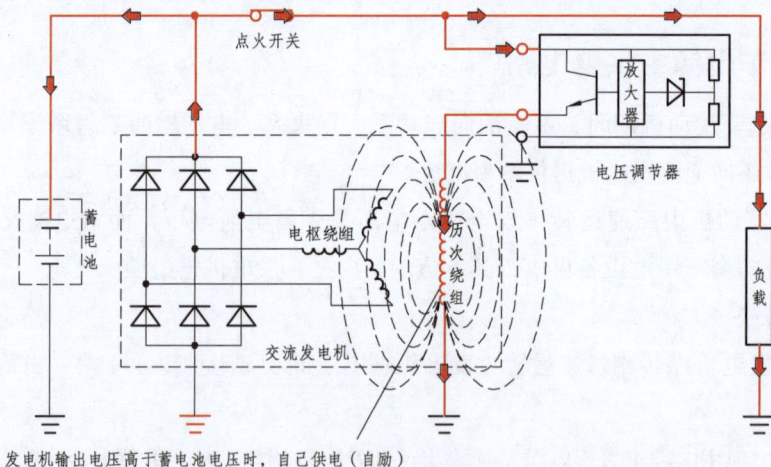

发电机输出电压高于蓄电池电压时，自己供电（自励）

图2-50　自励发电

（2）微机控制器控制励磁电路（见图2-51）。微机控制的交流发电机其输出电压由微机进行控制，不但限制发电机最高电压，而且还可以避免怠速时发电机电压过低。交流发电机由点火开关、自动切断继电器和电子控制单元ECU共同控制。

如图2-51所示，发电机励磁绕组的一端B接自动切断继电器（即ASD继电器）的常开触点87，由自动切断继电器控制实现与电源正极的连接与断开；励磁绕组的另一端C接电子控制单元ECU，由ECU控制搭铁。点火开关不是直接串联在励磁电路中控制励磁电路，而是与

ASD继电器的线圈串联，通过ASD继电器间接控制励磁电路。发电机的输出端A与蓄电池正极及ECU均相连。ECU上与电源系有关的连接点有5个：3个检测点和2个控制点。3个检测点分别是：蓄电池电压检测点3，ASD检测点57和发动机转速检测点（图中未画出）；2个控制点分别是：ASD继电器控制点51和发电机励磁控制点20。

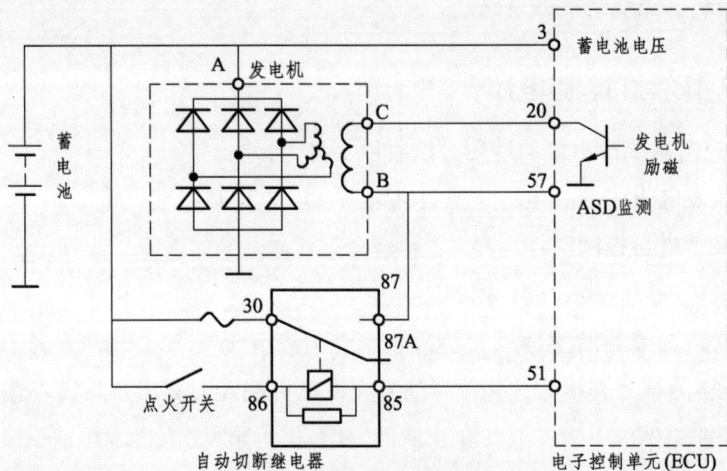

图2-51　微机控制电磁电路

各检测点和控制点的作用如下：

（1）蓄电池电压检测点。蓄电池或发电机通过蓄电池电压检测点3为ECU供电，即使在点火开关断开时，蓄电池仍直接通过蓄电池电压检测点3向ECU中的存储器等供电，以免存储器中存储的故障码和发动机运行数据丢失。此外，蓄电池电压检测点3的信号还有如下作用：

① 在发动机工作时，该信号可以表明发电机有无输出电压，并检测电源电压过高或过低故障。

② ECU根据该信号电压的高低调节发电机的励磁电流，使发电机的输出电压保持在规定值，起到调节器的作用；在发动机怠速运转时，ECU根据该信号电压的高低，通过控制发动机的怠速转速，调节电流量，以免怠速时蓄电池放电，这是调节器无法实现的。

③ 根据该信号电压的高低，ECU对喷油器脉冲宽度和点火闭合角进行修正。

（2）ASD检测点。利用ASD检测点57，ECU检测自动切断继电器电路工作是否正常。

（3）发动机转速检测点。它是ECU控制燃油喷射和点火系统的主要依据之一，通过该信号ECU还控制自动切断继电器的工作和发动机的怠速，也可以控制发电机励磁电路通断。

（4）ASD继电器控制点。通过ASD继电器控制点51，ECU控制自动切断继电器工作。当点火开关置于"ON"或"STA"位置时，ECU使ASD继电器线圈搭铁的同时，检测发动机转速信号，如果发动机不转，ECU将切断ASD继电器控制点51的搭铁，使通过该点搭铁的自动切断继电器和燃油泵继电器停止工作，切断点火线圈、喷油器、燃油泵和励磁绕组的电源电路。

（5）发电机励磁控制点。通过发电机励磁控制点20，ECU控制发电机励磁绕组的搭铁。当点火开关置于"ON"或"STA"位置时，ECU控制发电机励磁绕组搭铁的同时，检测发动机转速信号。如果ECU在3 s内未接收到发动机转速信号（即发动机不转），ECU将切断励磁绕组电路；一旦ECU接收到发动机转速信号（发动机运转），马上根据蓄电池电压的高低接通或切断励磁绕组搭铁电路。

四、充电指示灯控制电路

（1）控制充电系统指示灯的常用方法有以下种类：

① 利用交流发电机中性点电压，通过继电器或电子控制器进行控制。

② 利用二极管进行控制。

③ 利用发电机磁场二极管进行控制。

带有集成电路调节器的整体式交流发电机与外部（蓄电池、线束）连接端子通常用B＋、IG、L、S和E等符号表示，这些符号通常在发电机端盖上标出，其代表含义如下：

•B＋（或＋B、BATT）为发电机输出端子，用一根粗导线连接至蓄电池正极或起动机上。

•IG通过线束连接至点火开关，在有的发电机上无此端子。

•L为充电指示灯连接端子，通过线束接充电指示灯或电源指示继电器。S（或R）为调节器的电压检测端子，通过导线直接连接蓄电池的正极。

•E（或－）为发电机和调节器的搭铁端子。

（2）利用中性点电压通过继电器控制充电指示灯。利用发电机三相绕组的中性点电压控制指示灯亮、灭，指示发电机的工作情况，如图2-52所示。

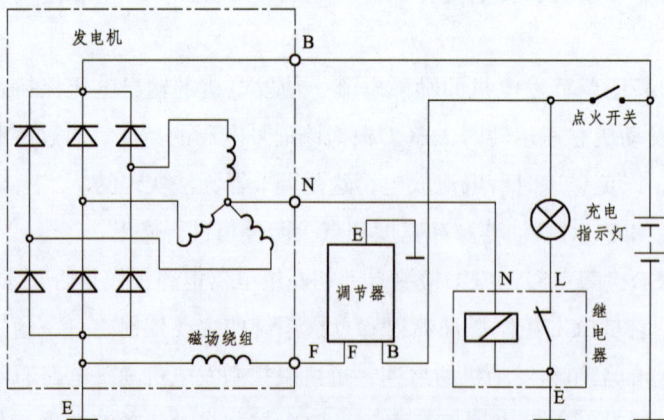

图2-52　中性点电压控制充电指示灯电路

充电指示灯控制电路原理中性点电压

① 未起动发动机时，发电机不发电，中性点未输出电压，蓄电池电压经蓄电池"＋"→点火开关→充电指示灯→继电器L接线柱→继电器触点→搭铁→蓄电池"－"，指示灯亮，指示发电机不发电。

② 发电机正常运转后，发电机发电，中性点输出电压（见图2-53），经发电机中性点接线柱N→继电器N接线柱→继电器线圈→搭铁。线圈通电产生吸力，将继电器触点断开，充电指示灯无搭铁回路，灯熄灭，指示发电机工作正常。

（3）利用二极管进行控制。利用二极管控制指示灯的亮、灭，指示发电机的工作情况。

接通点火开关，电流经蓄电池"＋"→点火开关→充电指示灯→调节器B→调节器F→励磁绕组→搭铁→蓄电池"－"。构成回路，充电指示灯亮，指示发电机不发电。

发动机起动后，发电机电压高于蓄电池电压时，二极管导通充电指示灯被二极管短路，不亮。

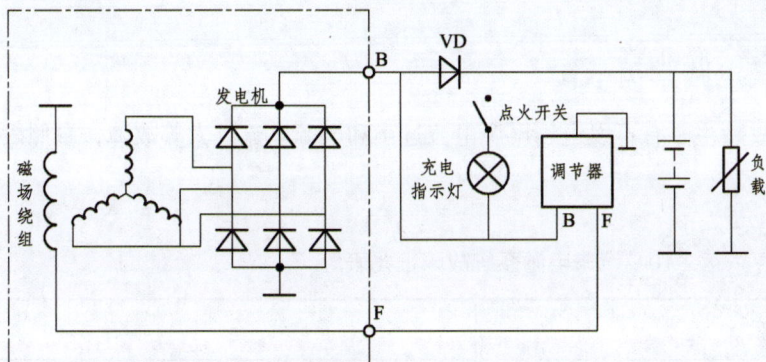

图2-53　充电指示灯控制电路原理（二极管控制）

充电指示灯控制电路原理二极管控制

（4）利用发电机磁场二极管控制充电指示灯，如图2-54所示。该电压控制充电指示灯的特点是：具有3只磁场二极管（发电机为9管或11管）的发电机中性点N端不引出外线，而且配用电子调节器。利用发电机中3只小功率磁场二极管输出电压与蓄电池的电压差来控制充电指示灯，使充电指示灯熄灭，表示发电机发电，并同时进行励磁。

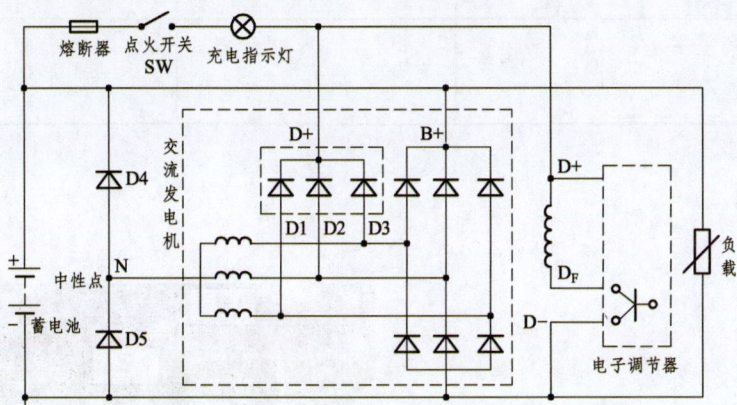

图2-54　发电机磁场二极管控制充电指示灯电路

充电指示灯控制电路原理

接通点火开关，发电机未运转或系统故障时，电流从蓄电池"＋"→熔断器→点火开关

→充电指示灯→电子调节器D＋端、发电机磁场绕组→电子调节器DF端→调节器内一级开关三极管→调节器D－端→搭铁→蓄电池"－"极，这时充电指示灯在蓄电池电压的作用下点亮，表示发电机不发电。同时，发电机磁场绕组的励磁电流经调节器后构成回路，开始给磁场组励磁。

当发电机运转并达到一定的转速时，发电机的电枢B＋端向蓄电池充电，并且向汽车上其他用电设备供电。这时3只小功率励磁二极管（D1、D2、D3）也输出电压，加在充电指示灯右端，与充电指示灯左端的蓄电池电压形成等电压，充电指示灯熄灭，表示发电机发电。与此同时，二极管（D1、D2、D3）也给磁场绕组提供励磁电流，即磁场绕组的励磁方式由原来的他励变为自励。

五、汽车电源系统电路常见故障

汽车电源系统的常见故障主要有不发电、电源电流过小和电源电流过大等故障，参照表2-10。

表2-10　汽车电源系统故障征兆表

故障现象	可能故障部位	排除方法
不发电（汽车行驶时，充电指示灯亮）	① 熔断丝 ② 调节器 ③ 发电机 ④ 线束（导线连接处）	检查或更换 检查或更换 检查或更换 检修
充电电流过小（蓄电池经常存电不足、灯光暗淡、喇叭沙哑）	① 调节器 ② 发电机 ③ 线束（导线连接处）	检查或更换 检查或更换 检修
充电电流过大（蓄电池电解液消耗过快、灯泡易烧损）	调节器	检查或更换

🚗 任务实施

检查电源电压

1. 连接万用表（见图2-55）

（1）将万用表正极引线连接至蓄电池的正极端子，负极引线搭铁。

（2）将电流钳红表笔连接至万用表的VΩ插孔，

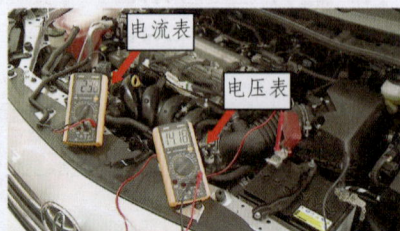

图2-55　连接万用表

黑表笔连接至COM插孔，量程置于200 mV挡，将电流钳钳口套在发电机B端子电缆上。

> ⚠️ **注意事项**
>
> 　　注意万用表的表笔极性应与蓄电池的接线柱极性相一致。
> 　　万用表在使用前必须要校零，电流钳钳口应处于闭合状态。

2. 检查充电电压和充电电流（图2-56）

（1）检查发电机输出电压起动发动机，逐渐升高发动机转速并将转速保持在2000 r/min。读取万用表数值，并与表2-11中标准数据进行对比。

检查发电机充电电路

图2-56　检查发电机输出电压

表2-11　发电机输出电流标准数据

检测内容	检测条件	标准数据
发电机输出电压	发动机转速2000 r/min	13.2～14.8 V
		＜10 A

（2）检查发电机输出电流（图2-57）。

继续保持发动机转速2000 r/min，打开远光前大灯并将加热器鼓风机开关转至HI位置，读取万用表数值，并与表2-12中标准数据进行比照。

图2-57　检查发电机输出电流

表2-12　发电机输出电流标准数据

检测内容	检测条件	标准数据
发电机输出电流	发动机转速2000 r/min	＞30 A

如果蓄电池电流读数小于30 A，则运行刮水器电动机和车窗除雾器以增加负载，然后再查充电电路。若输出电流仍达不到30 A，则继续打开其他用电设备以增加负荷使之超过30 A。

若以上条件都不符合，则应更换发电机。

项目三

起动系统检修

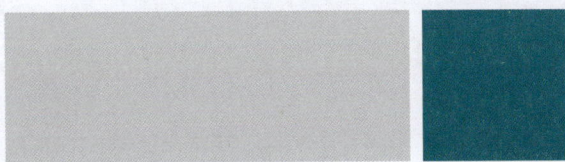

学习引入

本项目通过对汽车起动系统的常见故障进行诊断，使学生掌握起动系统的检修方法。并最终能解决客户所反映的问题。

学习目标

（1）掌握起动机故障诊断和检查方法。

（2）熟练完成起动电路的检修。

（3）根据工艺流程标准，选用正确的工具对起动系统进行故障检修。

学习任务

学习任务一

起动机检修

学习任务二

起动系统电路检修

学习任务一　起动机检修

相关知识

一、起动机的结构与组成

大体上说，起动机用三个部件实现整个起动过程：直流电动机、传动机构和控制机构（图3-1）。

直流电动机引入来自蓄电池的电流并且使起动机的驱动齿轮产生机械运动；传动机构将驱动齿轮啮合入飞轮齿圈，同时能够在发动机起动后自动脱开；起动机电路的通断则由一个电磁开关来控制。其中，电动机是起动机内部的主要部件。

起动机的组成如图3-2所示。

图3-1　起动机的结构

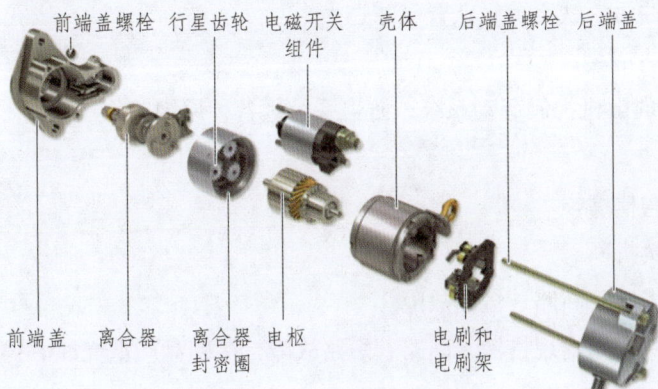

图3-2　起动机的组成

起动机的组成

二、起动机的工作原理

当点火开关闭合时，蓄电池为起动机供电，接触片接通。直流电动机中有电流通过，磁极产生磁场，转子部分在磁场作用下，将电能转变为机械能，即产生电磁转矩。拨叉推动驱动齿轮与发动机的飞轮啮合。

直到点火开关断开，当电磁开关中电磁吸力互相抵消时，接触片断开，铁心回位，电动机电路断开而减速停止，起动机工作原理如图3-3所示。

1—驱动齿轮
2—拨叉
3—内啮合减速齿轮
4—电枢
5—回位弹簧
6—保持线圈
7—吸引线圈
8—接触片

点火开关
蓄电池

起动机工作原理

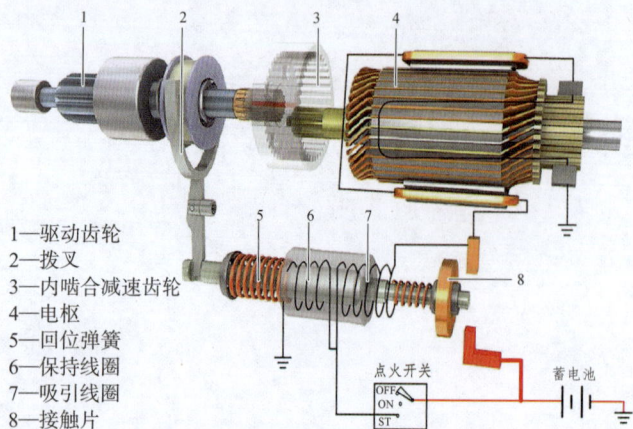

图3-3　起动机工作原理

三、起动机不转的故障诊断与排除

1. 故障主要原因

（1）蓄电池方面故障。

① 蓄电池长期存电不足或蓄电池内部存在严重故障。

② 极柱或连接线接头表面氧化严重，致使接触不良。

（2）起动继电器方面故障。

① 起动继电器线圈断路、短路、搭铁。

② 起动继电器触点烧蚀、有油污，铁心及触点臂气隙过大。

③ 保护继电器触点烧蚀、有油污。

（3）与防盗系统结合在一起的微机控制起动系统，防盗系统因各种原因起作用。

（4）起动机方面故障。

① 换向器有油污、烧蚀，起沟槽磨损。

② 电刷卡死在电刷架内，弹簧折断。

③ 励磁绕组或电枢绕组出现搭铁、断路、短路故障。

④ 电磁开关、吸引线圈或保持线圈出现搭铁、断路、短路故障，接触盘严重烧蚀。

（5）其他方面故障。

① 点火开关（起动按钮）失灵。

② 各相关导线断路、连接不良或线路连接错误。

③ 采用充电指示灯组合式继电器时，硅整流发电机正二极管击穿短路。

2. 故障诊断

① 在未接通起动开关前，先按喇叭和开前照灯试验。如喇叭声响低沉、沙哑，灯光暗淡，应先检查蓄电池存电情况及正、负极柱连接情况。

② 检查相关的起动继电器及保险丝是否正常。

③ 与防盗系统结合在一起的微机控制起动系统，检查防盗系统是否因各种原因起作用。

④ 根据起动系统的实际连线情况，检查各连线及接点处的连接情况。

⑤ 检查起动机是否正常，否则更换起动机。

⑥ 综合考虑发动机其他方面的问题。

四、起动无力的故障诊断与排除

1. 故障现象

接通点火开关"起动"（ST）挡，起动机能够带动发动机转动，但转速过低甚至稍转即停。

2. 故障主要原因

起动机能运转，则说明控制电路工作正常，但起动机运转无力，说明带负荷能力降低，实际输出功率减小。

（1）蓄电池存电不足。

（2）导线接触不良。

（3）起动机本身无力。

① 换向器有油污、烧蚀。

② 电刷磨损过甚或弹簧压力不足。

③ 励磁绕组或电枢绕组局部短路。

④ 电磁开关接触盘烧蚀。

⑤ 轴承过紧、过松。

⑥ 电枢与磁极摩擦。

④ 发动机曲轴过紧。

3. 故障诊断

① 接通前照灯，再接通起动机，看灯光变化情况。若灯光立即熄灭或灯丝变成暗红色，说明蓄电池存电不足或蓄电池极柱连线处接触不良（起动后接触不良处特别热，可用手摸试）；若灯光变暗，起动机冒烟，说明起动机内部有短路故障；若灯光基本保持原有亮度，说明起动机主电路有断路或接触不良故障，应检查发动机搭铁线接触情况：电刷接触面积及弹簧弹力是否过小，电刷是否有油污，定子、转子有无断路等。

② 对于起动机的内部故障的检查参见起动机的检修。

五、起动机检测

起动机的检测分为解体检测和不解体检测两种，解体测试随解体过程一同进行。不解体测试可以在拆卸之前或装复以后进行。

1. 起动机不解体检测

在进行起动机的解体之前，最好进行不解体检测，通过不解体的性能检测大致可以找出故障。起动机组装完毕之后也应进行性能检测，以保证起动机正常运行。

检测步骤：

（1）吸引线圈性能测试。

（2）保持线圈性能测试。

（3）驱动小齿轮复位测试。

（4）空载测试。

2．起动机解体检测步骤

（1）直流电动机检测。

（2）传动机构的检修。

（3）电磁开关的检修。

（4）起动机的装复。

任务实施

起动机的拆卸

1．拆卸起动机

（1）断开蓄电池负极电缆（见图3-4）。

（2）拆卸散热器上空气导流板。

（3）分离线束卡夹，拆下发动机上部固定螺栓。

（4）断开线束连接器，拆下端子盖（见图3-5）。

（5）拆下起动机端子30固定螺母，并断开端子30。

（6）拆下起动机下部固定螺栓（见图3-6）并取下起动机总成。

拆卸起动机

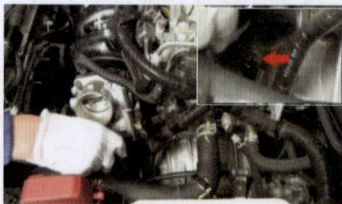

图3-4 断开蓄电池负极电缆

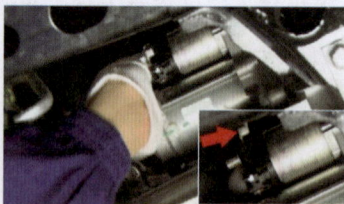

图3-5 拆下端子盖

图3-6 拆下起动机下部固定螺栓

2．检查起动机总成

（1）起动机牵引测试（见图3-7）。

① 从起动机端子断开励磁线圈引线。

② 将蓄电池连接至励磁起动机开关，检查并确认小齿轮向外移动。

若离合器小齿轮未移动，则更换磁力起动机开关总成。

（2）起动机保持测试（见图3-8）。

① 从起动机端子断开电缆，检查并确认小齿轮没有朝内回位。

② 将蓄电池连接至励磁起动机开关，检查并确认小齿轮向外移动。

若离合器小齿轮未移动，则更换磁力起动机开关总成。

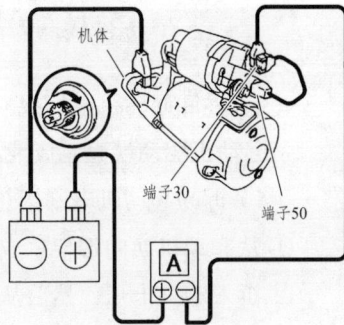

（3）起动机无负载操作测试（见图3-9）。

① 连接励磁线圈引线至端子C，紧固扭矩10 N·m。

② 将起动机夹在台钳中。

③ 将蓄电池、电流表连接到起动机上，记录检测数据并与标准数据表3-1进行比对。

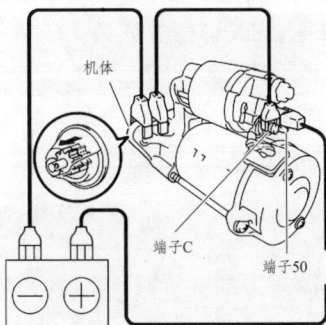

图3-7 起动机牵引测试　　图3-8 起动机保持测试　　图3-9 起动机无负载操作测试

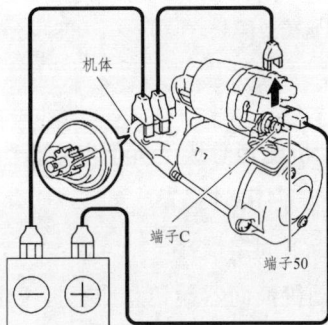

表3-1 标准电流

检测内容	检测条件	标准数据
蓄电池正极端子—端子30、端子50	11.5 V	＜90 A

若检测结果不符合规定，更换起动机总成。

3. 拆解起动机

（1）拆卸磁力起动机开关总成（见图3-10）。

① 拆下螺母，然后从磁力起动机开关总成上断开引线。

② 从起动机驱动端壳总成上拆下固定螺母。

③ 拉出磁力起动机开关总成，并在提起磁力起动机开关总成前部时，从驱动杆和磁力起动机开关总成上松开铁心挂钩。

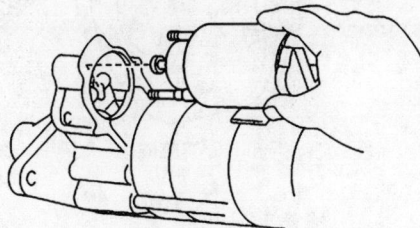

图3-10 拉出磁力起动机开关总成

（2）拆卸起动机磁轭总成（见图3-11）。

① 拆下起动机磁轭固定螺钉，将起动机磁轭和起动机换向器端架总成一起拉出。

② 从起动机换向器端架总成上拉出起动机磁轭总成。

（3）拆卸起动机电枢总成（见图3-12）。

从起动机磁轭总成上拆下起动机电枢总成。

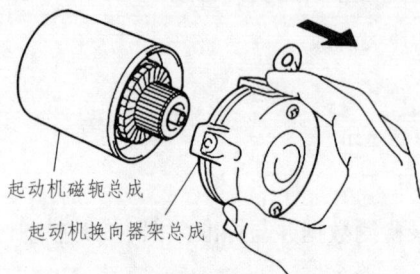

图3-11　拆卸起动机换向器端架总成

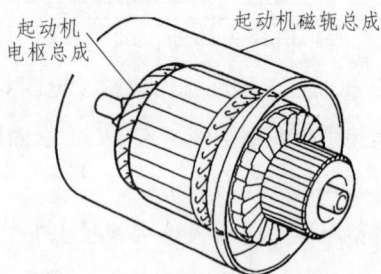

图3-12　拆卸起动机电枢总成

（4）拆卸起动机电枢板。

从起动机驱动端壳总成或起动机磁轭总成上拆下电枢板。

（5）拆卸起动机电刷架总成（见图3-13）。

① 从起动机换向端架总成上拆下固定螺钉。

② 拆下卡夹卡爪，然后从起动机换向器端架总成上拆下电刷架总成。

（6）拆卸行星齿轮（见图3-14）。

从起动机中间轴承离合器分总成上拆下3个行星齿轮。

（7）拆卸起动机单向离合器分总成（见图3-15）。

① 从起动机驱动端壳总成上拆下带起动机小齿轮驱动杆的起动机单向离合器分总成。

② 拆下起动机单向离合器分总成、橡胶密封件和起动机小齿轮驱动杆。

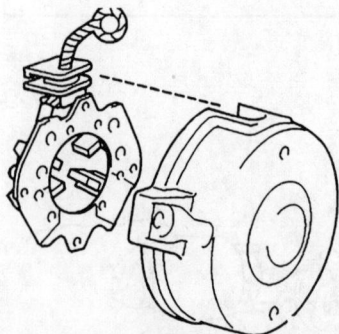

图3-13　拆卸电刷架总成

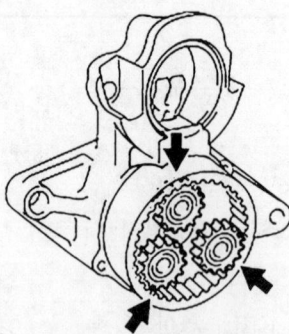

图3-14　拆卸行星齿轮

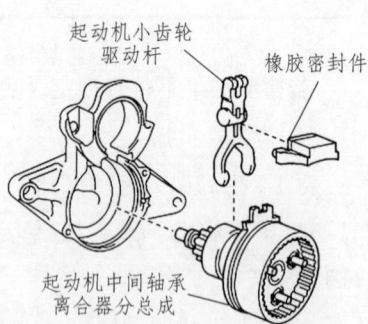

图3-15　拆卸起动机单向离合器总成

4. 检查起动机单元

（1）检查电磁开关（见图3-16）

① 检查铁心。

推入铁心，检查并确认其是否能够迅速回位到初始位置。如有必要，更换电磁开关总成。

图3-16　检查电磁开关

② 检测吸引线圈是否断路。

将万用表置于欧姆（Ω）挡，检测以下端子之间的电阻，记录检测数据并与标准数据（见表3-2）进行比对。

表3-2　标准电阻

检测内容	检测条件	标准数据
端子50—端子C	—	<1 Ω

若不符合标准要求，则需更换电磁开关总成。

③ 检测保持线圈是否断路。

将万用表置于欧姆（Ω）挡，检测以下端子之间的电阻，记录检测数据并与标准数据（见表3-3）进行比对。

表3-3　标准电阻

检测内容	检测条件	标准数据
端子50—电磁开关壳体	—	<2 Ω

若不符合标准要求，则需更换电磁开关总成。

（2）检查起动机电枢总成。

① 检查换向器是否断路。

使用万用检测换向器整流子片间的电阻，记录检测数据并与标准数据（见表3-4）进行比对。

表3-4　标准电阻

检测内容	检测条件	标准数据
整流子片—整流子片	—	<1 Ω

若不符合标准要求，则需检修或更换起动机电枢总成。

② 检查换向器是否搭铁短路。

使用万用检测换向器和电枢线圈间的电阻，记录检测数据并与标准数据（见表3-5）进行比对。

表3-5　标准电阻

检测内容	检测条件	标准数据
换向器—电枢	—	≥10 Ω

若不符合标准要求，则需检修或更换起动机电枢总成。

③ 检查外观。

如果表面脏污或烧坏，用砂纸（400号）或在车床上修复表面。

④ 检查换向器是否径向跳动。

⑤ 换向器放在V形块上。

⑥ 使用百分表，测量换向器径向跳动，记录检测数据并与标准数据（见表3-6）进行比对。

表3-6　换向器径向跳动标准

检测内容	检测条件	标准数据
换向器径向跳动	—	标准：0.02 mm
		最大：0.05 mm

如果径向跳动大于最大值，则更换起动机电枢总成。

⑦ 检查换向器直径。

使用游标卡尺测量换向器径向跳动，记录检测数据并与标准数据（见表3-7）进行比对。

表3-7　换向器直径标准

检测内容	检测条件	标准数据
换向器直径	—	标准：29.0 mm
		最大：28.0 mm

如果检测数据小于最小值，则更换起动机电枢总成。

（3）检查起动机电刷架总成。

① 拆下弹簧卡爪，然后拆下4个电刷。

② 检查电刷长度。

使用游标卡尺测量电刷长度，记录检测数据并与标准数据（见表3-8）进行比对。

表3-8　电刷长度标准

检测内容	检测条件	标准数据
电刷长度	—	标准：14.4 mm
		最大：9.0 mm

如果检测数据小于最小值，则更换起动机电刷架总成。

③ 检查电刷架。（见图3-17）

使用万用表测量电刷架电阻，记录检测数据并与标准数据表3-9进行比对：

如果检测数据不符合标准，则更换起动机电刷架总成。

表3-9 标准电阻

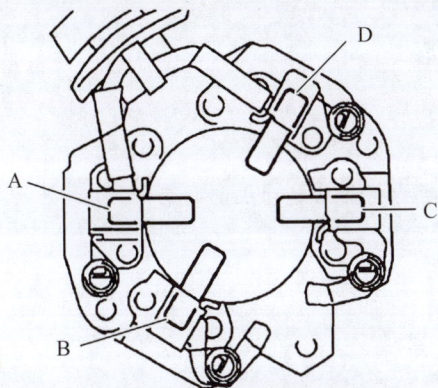

图3-17 检查电刷架

检测内容	检测条件	标准数据
A-B		≥10 kΩ
A-C		≥10 kΩ
A-D	—	≤1 Ω
B-C		≤1 Ω
B-D		≥10 kΩ
C-D		≥10 kΩ

（4）检查起动机单向离合器（见图3-18）。

① 检查行星齿轮的轮齿、内齿轮和起动机离合器是否磨损或损坏。如果损坏，更换齿轮或离合器总成。

② 检查起动机离合器。

顺时针转动离合器小齿轮，检查并确认其自由转动。尝试逆时针转动离合器小齿轮，检查并确认其锁止。

如有必要，则更换起动机中间轴承离合器分总成。

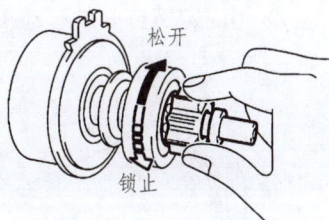

图3-18 检查起动机离合器

5. 组装起动机总成

（1）安装起动机单向离合器分总成。

① 将润滑脂涂抹到起动机小齿轮驱动杆与起动机小齿轮驱动杆的起动机枢轴的接触部分。

② 将起动机小齿轮驱动杆和橡胶密封件安装至起动机单向离合器分总成。

③ 将起动机单向离合器和起动机小齿轮驱动杆一起安装至起动机驱动端壳总成。

（2）安装行星齿轮（见图3-19）。

① 在行星齿轮和行星轴销部位涂抹润滑脂。

② 安装3个行星齿轮。

（3）安装起动机电刷架总成。

① 安装电刷架。

② 用螺丝刀抵住电刷弹簧，并将4个电刷安装到电刷架上。

③ 将密封垫插入正极（＋）和负极（－）之间。

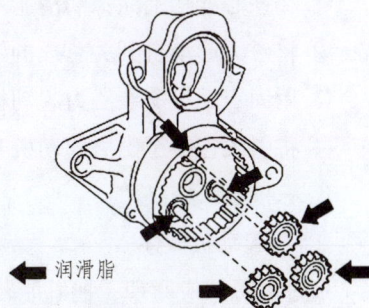

图3-19 安装行星齿轮

（4）安装起动机换向器端盖总成。

① 将电刷架卡夹装配到起动机换向器端架总成上。

② 用固定螺钉安装换向器端架，紧固扭矩：1.5 N·m。

（5）安装起动机电枢总成。

① 将橡胶件对准起动机磁轭总成的凹槽。

② 将带电刷架的起动机电枢安装到起动机磁轭总成上。

> ⚠️ **注意事项**
>
> 支撑起动机电枢，以防起动机磁轭总成的磁力将其从起动机电刷架中拉出。

（6）安装起动机电枢板（见图3-20）。

① 将起动机电枢板安装至起动机磁轭总成。

② 安装起动机板，使键槽位于键A和键B之间。

（7）安装起动机磁轭总成。

① 将起动机磁轭键对准位于起动机驱动端壳总成上的键槽（见图3-21）。

② 用固定螺钉安装起动机磁轭总成，紧固扭矩：6.0 N·m。

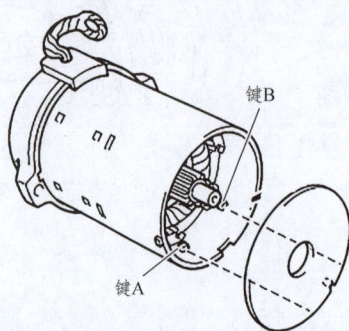

图3-20　安装起动机电枢板　　　　　　图3-21　将磁轭键对准键槽

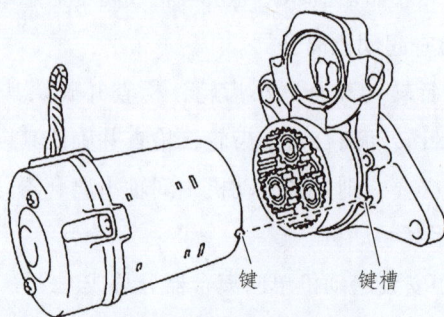

（8）安装起动机电枢板。

① 在铁心挂钩上涂抹润滑脂。

② 将磁力起动机开关总成的铁心从上侧接合到驱动杆上。

③ 用固定螺母安装磁力起动机开关总成，紧固扭矩为：7.5 N·m。

④ 将引线连接至磁力起动机开关，然后用螺母紧固，紧固扭矩为：10 N·m。

6. 安装起动机总成

（1）起动机概述。

通过电磁感应原理，把电能转变成机械能。不同车型需要不同型号的起动机以满足自动要求。分行星齿轮型起动机，直接传动型起动机。起动机按照工作原理分为直流电起动机、汽油起动机、压缩空气起动机等。

（2）安装起动机总成（见图3-22）。

①用固定螺栓安装起动机总成。

②连接起动机连接器，用螺母连接端子30，合上端子盖。螺母紧固扭矩：9.8 N·m。

③用螺栓安装线束支架，安装线束卡夹。螺栓紧固扭矩：8.4 N·m。

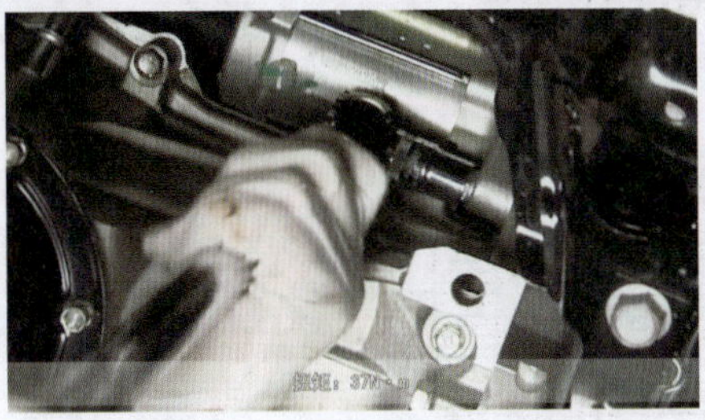

图3-22　安装起动机总成

安装起动机

（3）安装散热器上空气导流板。

（4）连接蓄电池负极端子。

学习任务二　起动系统电路检修

相关知识

一、起动电路的组成

起动机由直流串励式电动机、传动机构及电磁开关三部分组成。直流串励式电动机是起动机的动力源，传动机机构使起动机实现单项电力传送，电磁开关是启动机的控制机构。

二、起动系统电路识读

点火开关打到启动（Start）挡，电流才能够从蓄电池正极出发，首先到达保险丝（30 A）、保险丝（7.5 A）→启动开关总成→中间插接器→驻车与空挡行程开关组件→系统继电器→搭铁→蓄电池负极，形成回路；电流产生磁场使继电器开关闭合→电流到达起动机总成→电流产生磁场，使起动机电磁开关闭合；当电磁开关接通后，电流自蓄电池→电磁开关接触盘→起动机→接地，形成回路，起动机运转。起动系统工作流程如图3-23所示。

起动系统电路原理

1—飞轮　　8—接触片
2—小齿轮　9—铁芯
3—拨叉　　10—继电器
4—回位弹簧　11—点火开关
5—励磁线圈　12—保险丝
6—保持线圈　13—蓄电池
7—吸引线圈

点火开关未接通起动档时，
蓄电池不给起动机供电

（a）

（b）

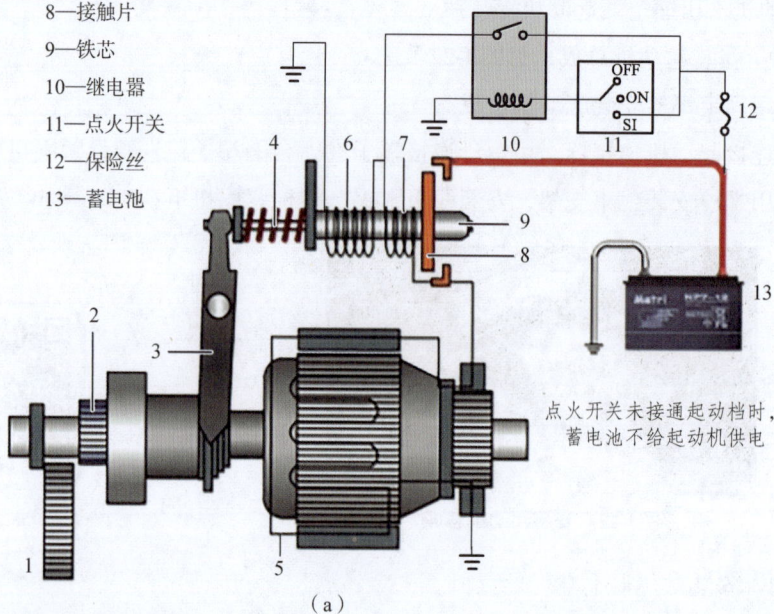

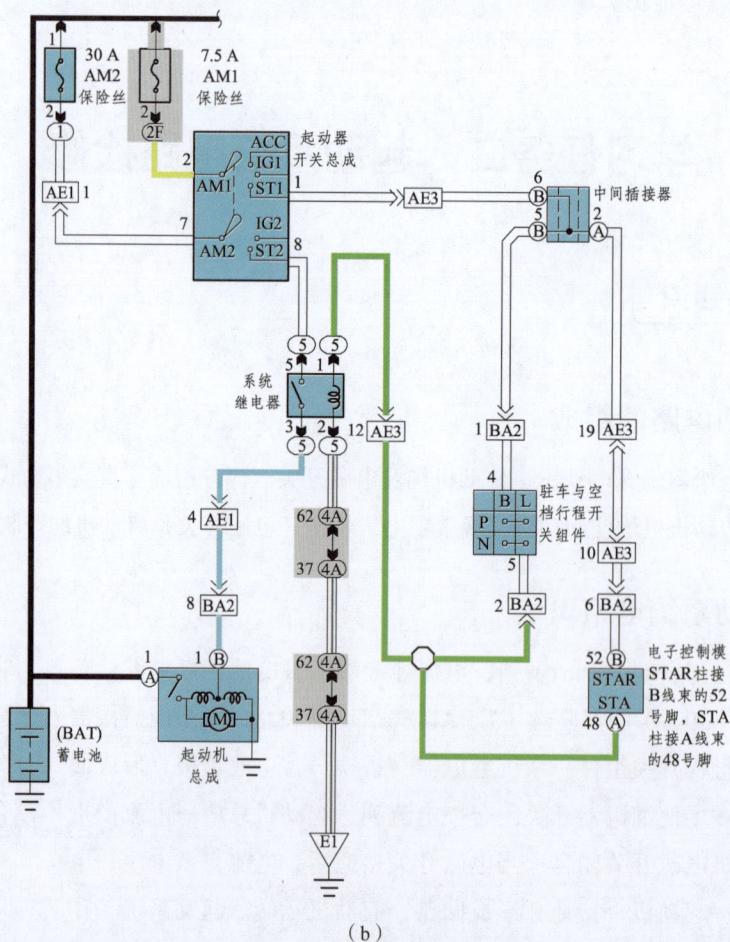

图3-23　起动系统工作流程

三、起动电路检修内容

（1）起动开关检修。

（2）起动继电器的检修。

（3）驻车/空挡开关检修。

（4）电磁开关的检修。

（5）起动机的检修。

任务实施

起动继电器的检测

将起动继电器上的"电池"和"点火"两个接线柱短接，如图3-24所示。

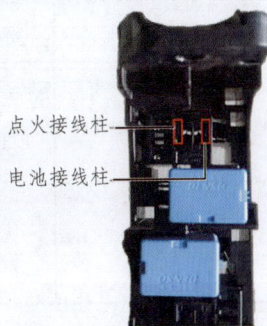

点火接线柱

电池接线柱

若起动机正常工作，则故障在继电器或继电器到起动机的线路上。若起动机不工作，则故障在点火开关或点火开关到起动继电器的线路上。

图3-24 起动继电器

1. 点火开关及线路检测

（1）点火开关到继电器的线路检测。

轻轻地上下或者左右摆动电气配线，检查导线是否从端子中脱开，如果异常，需要进行紧固或者更换新的配线；断开插接器，查看线头是否被腐蚀，如果有，则需要更换新的配线。

（2）点火开关检查。

用万用表根据表3-10中的条件测量该开关的电阻，如果结果不符合规定状态，更换开关总成。

表3-10 标准电阻

检测内容	开关状态	规定状态
所有端子之间	LOCK	≥10 kΩ
AM1（E4-2）—ACC（E4-3） AM1（E4-2）—IG1（E4-4）	ON	<1 Ω
IG2（E4-6）—AM2（E4-7）	—	—
ST1（E4-1）—AM1（E4-2）	—	—
ST1（E4-1）—IG1（E4-4）IG2（E4-6）—AM2（E4-7）IG2（E4-6）—ST2（E4-8）	START	<1 Ω

2. 继电器及线路检测

（1）继电器到起动机的线路检测。

轻轻地上下或者左右摆动电气配线，检查导线是否从端子中脱开，如果异常，需要进行紧固或者更换新的配线。

断开插接器，查看线头是否被锈蚀或腐蚀，如果有，则需要更换新的配线。

（2）继电器检测。

根据表3-11中的标准电阻，用欧姆表测量电阻；如果电阻不符合规定，说明继电器损坏，需要更换起动机继电器。

表3-11　标准电阻

检测仪连接	条件	规定状态	端子
3-5	在端子1和2之间不施加蓄电池电压	≥10 kΩ	
3-5	在端子1和2之间施加蓄电池电压	<1 Ω	

项目四

照明系统检修

学习引入

汽车照明系统是汽车安全行驶的必备系统之一。本项目主要通过对前照灯及其电路故障、车内照明及其电路故障的诊断，使学生掌握照明系统的检修方法。

学习目标

（1）正确识读前照灯电路。

（2）熟练完成起动电路的检修。

（3）掌握前照灯电路控制方式。

学习任务

学习任务一

汽车前照灯检修

学习任务二

车内照明及电路检修

学习任务一　汽车前照灯检修

相关知识

一、前照灯

前照灯又叫前大灯，装于汽车头部两侧，用于夜间行车道路的照明。汽车的前照灯一般有白炽灯、卤素灯、疝气灯（见图4-2）等类型。现在的汽车普遍采用的都是卤素灯。

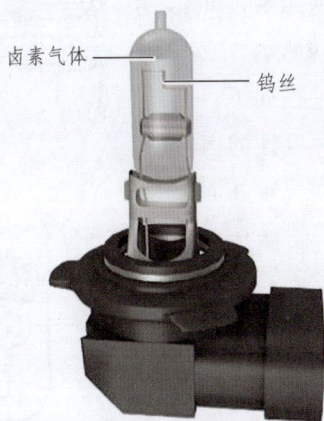

卤素气体 —— 钨丝

图4-1　卤素灯

图4-2　氙气灯

卤素灯（见图4-1）有其独特的配光结构，每支灯光内有两组灯丝，一组是主光束灯丝，发出的灯光经灯罩反射镜（见图4-3）反射后径直向前射去，这种光源就是我们平时所说的"远光"。另一种是偏光束灯丝，发出的光被遮光板挡到灯罩反射镜子的上半部分，其反射出去的光线都是朝下漫射向地面，不会给对面来车的驾驶者造成眩目，这种光源就是我们平常所说的"近光"。

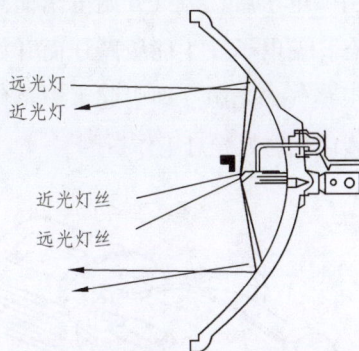

远光灯
近光灯

近光灯丝
远光灯丝

图4-3　封闭式真空灯芯反光镜

二、前照灯的结构

前照灯主要由灯泡、反射镜和配光镜三部分组成。

1. 灯泡

目前，汽车前照灯用灯泡的额定电压有6 V、12 V和24 V三种。灯泡的灯丝由功率大的远光灯丝和功率较小的近光灯丝组成。灯丝由钨丝制作成螺旋状，以缩小灯丝的尺寸，有利于光束的聚合。现在常用的汽车前照灯灯泡包括普通充气灯泡、卤钨灯泡、高压（20kV）放电氙灯三种。

（1）普通充气灯泡。

普通充气灯泡的灯丝用钨丝制成（钨的熔点高，发光强）。为了减少钨丝受热后的升华，延长灯泡寿命，制造时将玻璃泡内的空气抽出，再充入86%的氩和14%的氮的混合惰性气体。虽然充气灯泡的周围抽成真空并充满了惰性气体，但是钨丝仍会升华，形成灯丝损耗。而升华出来的钨沉积在灯泡上，使灯泡发黑。普通充气灯泡的构造如图4-5所示。

（2）卤钨灯泡。

卤钨灯泡在充入的惰性气体中渗入了某种卤族元素，如碘、溴等。我国目前生产的卤钨灯泡的结构如图4-6所示，它是利用卤钨再生循环反应的原理制成的。其再生过程如下：从灯丝升华出来的气态钨与卤素反应生成了一种挥发性的卤化钨，它扩散到灯丝附近的高温区又受热分解，使钨重新回到灯丝上去，被释放出来的卤素，继续参与下一次循环反应，从而减少了钨的损耗，降低了灯泡变黑的速度。

（3）高压放电氙灯。

高压放电氙灯的外形与结构如图4-7所示，它的灯泡里没有灯丝，取而代之的是装在石英管内的两个电极，管内充有氙气及微量金属（或金属卤化物）。在电极上加上数万伏的引弧电压后，氙气开始电离而导电，氙气原子即处于激发状态，使电子发生能级跃迁而开始发光。电极间蒸发出少量水银蒸气，光源立即引起水银蒸气弧光放电，待温度上升后转入卤化物弧光灯工作。

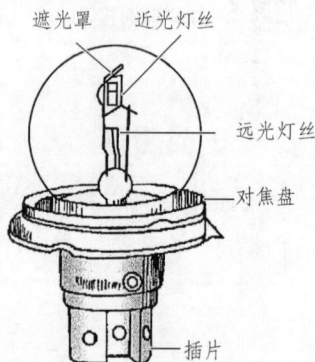

图4-5 普通充气灯泡

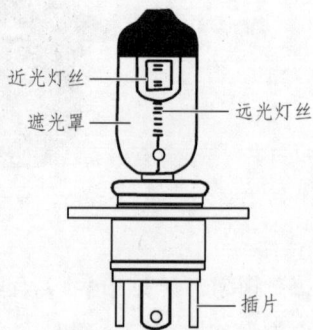

图4-6 卤素灯泡

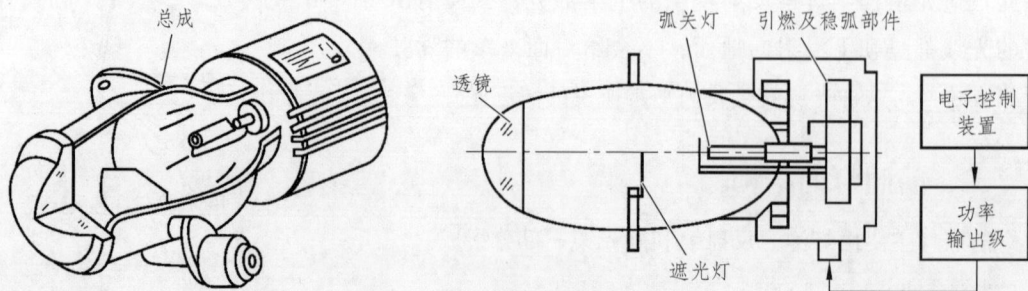

图4-7 高压放电氙灯外形与结构

2. 反射镜

反射镜是由薄钢板经冲压而成，其内表面镀银、铝或铬，然后抛光处理。银镀层的反射率为90%～95%，铬镀层的反射率60%～65%，而铝镀层的反射率为94%。从光学角度看，银镀层最好，但它易擦伤、易硫化变黑且成本较高。因此，目前反射镜大多采用真空镀铝。

反射镜的作用是尽可能多地收集灯泡发出的光线，并将这些光线聚合成很强的光束射向远方。例如，功率为50W左右的前照灯，若没有反射镜则只能照亮车前6m左右的路面，加上反射镜后，可照亮车前150m以外的路面。

反射镜的表面大都为旋转抛物面形状，这是为了将位于反射镜焦点上的光源（灯泡）所发出的光线，经反射镜反射出去，如图4-8所示。

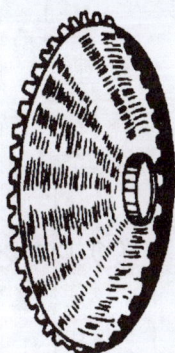

反射镜

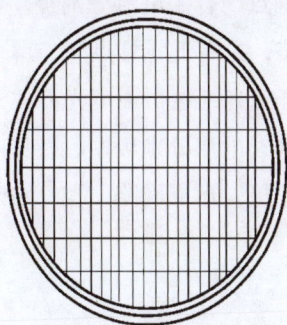

反射光线

图4-8　反射镜及反射光线

3. 配光镜

灯泡发出的光线经反射镜聚集为柱形光束后，尚不能使车前路面照明均匀，而且光束太窄导致照明范围小。为了弥补该缺陷，前照灯增加了配光镜。

配光镜又称散光玻璃，它是用透光玻璃压制而成，是很多块特殊的棱镜和透镜的组合，如图4-9（a）所示。配光镜的作用是将反射镜反射出的平行光束进行散射或折射，使车前路面和路线都有良好而均匀的照明，如图4-9（b）、（c）所示。

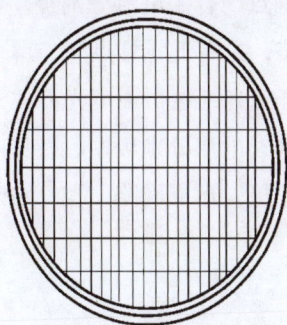

（a）散光玻璃

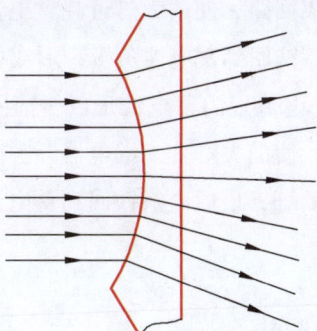

（b）散射

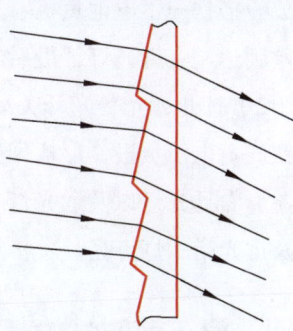

（c）折射

图4-9　配光镜

三、汽车前照灯电路图

前照灯电路由灯光开关、变光开关和灯光继电器控制，电路图如图4-10所示。灯光开关控制继电器的导通或断开，以决定是否为远光和近光灯供电。近光灯正常，则说明远光灯和近光灯公共线路正常，即蓄电池、总保险丝、灯光开关正常。

前照灯电路原理

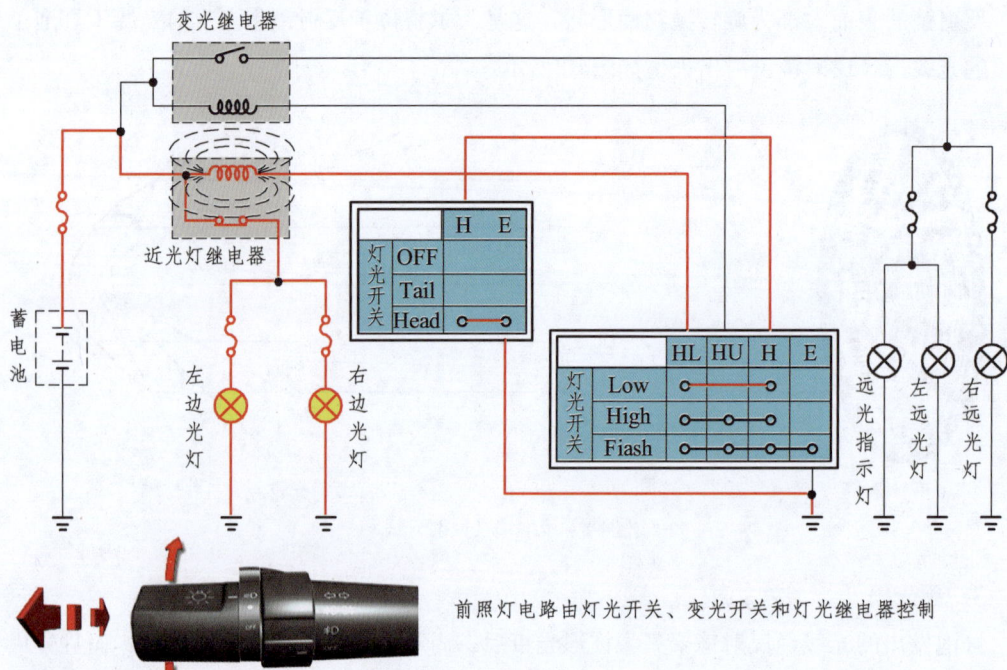

图4-10 汽车前照灯电路图

前照灯电路由灯光开关、变光开关和灯光继电器控制

前照灯灯光开关打开工作过程：

（1）打开近光变光开关后，电流经由蓄电池正极→前照灯近光灯继电器线圈→变光开关总成→搭铁→蓄电池负极，形成回路，使前大灯近光继电器触点闭合。电流分别经左、右保险丝到达左右近光灯，最后经搭铁回到蓄电池负极，形成回路，左右近光灯点亮。

（2）打开远光变光开关后，电流经由蓄电池正极→前照灯变光继电器→变光开关总成→搭铁→蓄电池负极，形成回路，使前大灯变光继电器开关闭合，电流分别经左、右保险丝到达左、右远光灯以及远光灯指示灯，最后经搭铁回到蓄电池负极，形成回路，左、右远光灯以及远光指示灯点亮。

四、汽车前照灯的基本要求

汽车前照灯的照明效果直接影响着夜间交通安全，其基本要求主要有以下两个方面。

首先，要求前照灯应能保证车前有明亮而又均匀的照明，且必须具有足够的亮度和照明范围，使驾驶员能看清车前100 m内路面上的障碍物。随着汽车行驶速度的提高，对汽车前照灯的照明距离也相应要求越来越远，现代高速汽车其照明距离已达到200～250 m。其次，要求前照灯必须有防止眩目的功能，以免夜间两车交会时，使对面来车驾驶员眩目而造成交通事故。

任务实施

灯泡的检查

1. 检查灯泡

（1）拆卸远光灯灯泡。

（2）检查远光灯灯泡。

检查右远光灯灯泡，检查灯丝是否破损，若灯丝烧断和灯泡损坏，则更换新灯泡。若无法目测，比如卤素灯，则可采用试灯法检查，若不正常则需更换新灯泡。

2. 检查前大灯变光继电器

（1）进入驾驶室，打开发动机舱盖。

（2）从继电器盒中拆下变光继电器。（见图4-11）

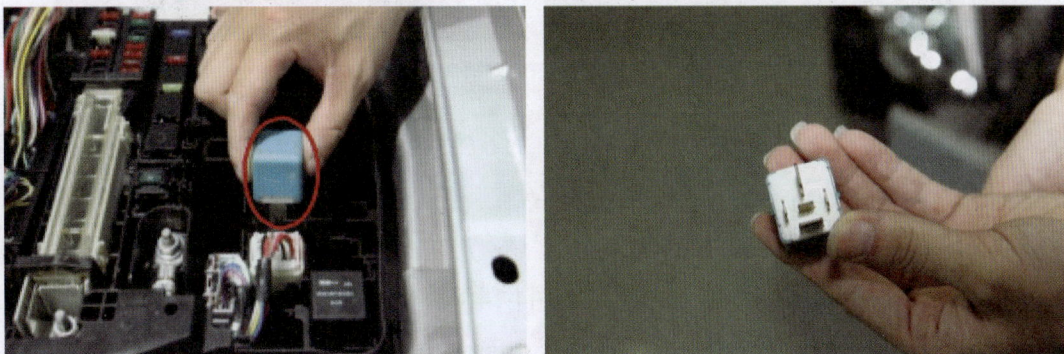

图4-11　拆卸变光继电器

⚠ **注意事项**

变光继电器位置见继电器盒盖背面；并且检查集成继电器各插座是否有烧灼、损坏现象。

（3）根据表4-1中的值测量继电器电阻。

如果检测结果不符合上述标准，则说明继电器损坏，应该更换新继电器。

表4-1　继电器标准电阻

检测内容	端子	条件	规定状态
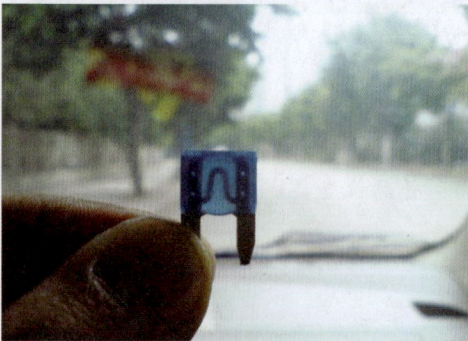	3—5	在端子1和2之间 不施加蓄电池电压	≥10 kΩ
	3—5	在端子1和2之间 施加蓄电池电压	<1 Ω

3. 检查保险丝

（1）进入驾驶室，用缠有保护胶带的一字螺丝刀撬开保险丝盒，如图4-12所示。

（2）在保险丝盒中找到远光灯保险丝，使用保险丝夹将该保险丝取下。

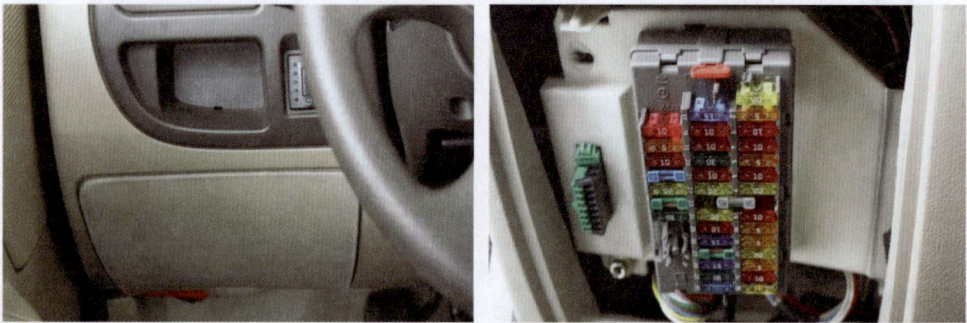

图4-12　保险丝盒

⚠️ **注意事项**

远光灯保险丝位置见继电器盒盖背面。

（3）目测保险丝是否烧断，如图4-13、图4-14所示。

图4-13　完整保险丝　　　　　　图4-14　烧毁保险丝

（4）测量各保险丝加载槽与车身搭铁之间的电压，参照表4-2。

表4-2　标准电压

检测仪连接	开关状态	规定状态
H-LPRHHI保险丝端子—车身搭铁	灯控开关置于HEAD位置	11～14 V

（5）如目测无法判断保险丝是否烧坏，则可选用万用表测保险丝电阻（见图4-15），若阻值为∞，说明保险丝已坏，需更换保险丝。

（6）更换新保险丝。

① 确认保险丝载流量，按照对应颜色和规格选用保险丝（见图4-16）。

② 观察保险丝外部和端子处是否有烧灼现象。

③ 用数字万用表Ω挡检测保险丝两端子之间的电阻，如图4-17所示，正常情况下应小于1 Ω。

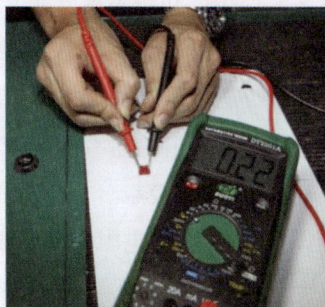

图4-15　测量保险丝电阻

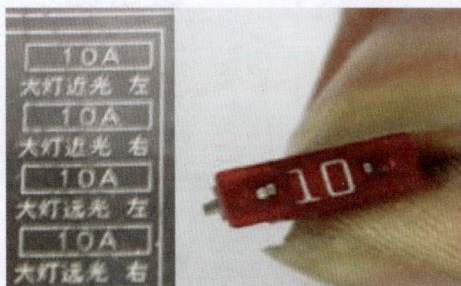

图4-16　选用保险丝

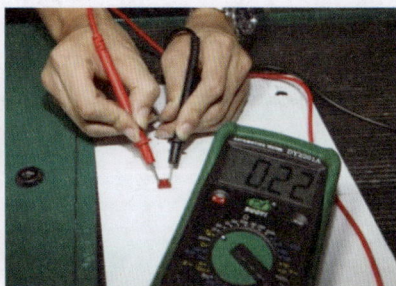

图4-17　测量两端子间电阻

4. 检查前照灯组合开关

（1）关闭点火开关。

（2）正确使用工具断开蓄电池负极端子电缆（见图4-18）。

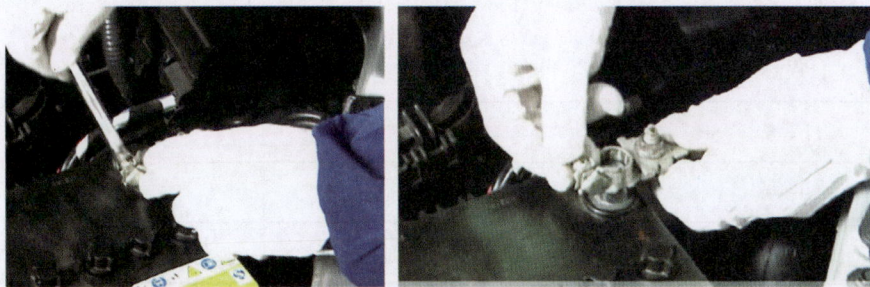

图4-18　断开蓄电池负极电缆

⚠ **注意事项**

　　按照先拆负极，后拆正极电缆的要求，否则容易引起正极电缆搭铁，导致电控单元因瞬时高电压而损坏；

　　断开蓄电池电缆后至少要等待90 s，以防不正当操作引爆安全气囊。

（3）拆卸转向盘下盖。

（4）拆卸转向盘总成。

（5）拆下转向柱护罩。

（6）断开组合开关总成连接器，进行组合开关连接器端子侧的线路检查。连接器如图4-19所示，连接器端子位置如图4-20所示；用万用表检测变光插接器原件一侧的连接端子的电阻值，检测的电阻值参照表4-3规定的数值。

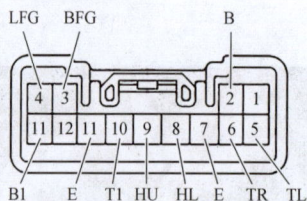

图4-19　连接器

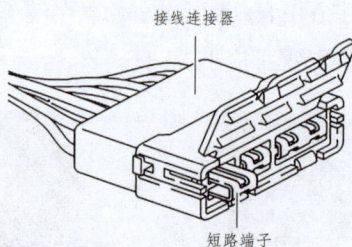

图4-20　连接器端子

表4-3　标准电阻

端子号	开关状态	规定状态
10—13	OFF	无穷大
11—13	TALL	<1Ω
10—13	HEAD	<1Ω
11—13		
11—8	近光LOW	<1Ω
11—9	远光HIGH	<1Ω
7—11、9—11	闪光FLASH	<1Ω

（7）用万用表检查组合开关孔端的搭铁回路的电阻值是否符合规定值，标准值小于1Ω。用万用表红笔搭组合开关连接器11号端子，黑笔搭驾驶舱的搭铁点，测两者之间的电阻值，标准电阻应小于1Ω。

（8）检测驾驶舱的搭铁电阻。拆除塑料护板，在不带电的情况下测量搭铁电阻，若存在电阻或电阻偏大，则说明搭铁不良，需修复搭铁，再试车检查故障是否排除。

（9）检测继电器插槽2号端子到组合开关连接器孔端的13端子之间的电阻值，标准值小于1Ω，若检测不正常，则需更换组合开关总成。

5. 检查线束和连接器

检查线路连接情况：用手晃动连接远光灯到灯光开关的线路，检查线路连接处是否松动，导线是否从端子中脱开，如果有，则需紧固；必要时更换新的配线。

（1）检查线束和连接器（前大灯继电器—前大灯变光继电器）。

根据表4-4中的值测量，用万用表测前大灯继电器至前大灯变光继电器间线路的电压，如有异常需更换线束或连接器，如正常则进行下一步检查。

表4-4　标准电压

检测仪连接	条件	规定状态
前大灯变光继电器端子2—车身搭铁	灯控开关OFF	＜1 V
	HEAD	11～14 V
前大灯变光继电器端子3—车身搭铁	灯控开关OFF	＜1 V
	HEAD	11～14 V

（2）检查线束和连接器（前大灯变光继电器—保险丝）

根据表4-5中的值，测量前大灯变光继电器至保险丝之间线束的电阻值，若有异常则需维修或更换线束和连接器；如果阻值正常则继续下一步检测。

表4-5　标准电阻

检测仪连接	条件	规定状态
前大灯变光继电器端子—H-LPRHHI保险丝端子	始终	＜1 Ω

（3）检查线束和连接器（前大灯变光继电器—主车身ECU）。

断开主车身ECU连接器E51，根据表4-6中的标准电阻值测量电阻，如异常，则需要维修或更换线束或连接器，若电阻值正常，则继续下一步检测。

表4-6　标准电阻

检测仪连接	条件	规定状态
前大灯变光继电器端子1—E51_3（DIM）	始终	<1 Ω
E51-3（DIM）—车身搭铁	始终	≥10 kΩ

> ⚠ **注意事项**
>
> 　　如果只有一侧远光前大灯不亮，则检查保险丝、灯泡或与灯泡相关的线束。
>
> 　　如果近光前大灯亮起且变光开关置于HIGH位置时，左右两侧的远光前大灯都没有亮起，则执行远光前大灯继电器主动测试，并读取数据表中变光开关HIGH信号值，以确定故障存在于开关侧还是继电器侧。
>
> 　　执行远光前大灯控制系统故障排除前，检查并确认近光前大灯工作正常。

（4）安装组合开关：按照拆卸相反顺序安装组合开关。

（5）故障复查：点火开关打开ON位置，打开组合开关，检查前大灯是否亮起。

学习任务二　车内照明及电路检修

🚗 **相关知识**

一、车内照明装置

车内照明装置包括顶灯、仪表灯、车门灯、阅读灯和工作灯。顶灯主要用于车内照明，灯光一般为白色。通常由灯光总开关和顶灯开关共同控制，有的车辆顶灯还具有门灯的作用，当车门关闭不严时灯亮，提醒驾驶员注意。这时，顶灯还受门柱开关控制。

二、室内灯控制电路

室内灯、阅读灯受专门开关控制，许多轿车室内灯、阅读灯还受车门开关控制，用以警示车门关闭情况，如图4-21所示。

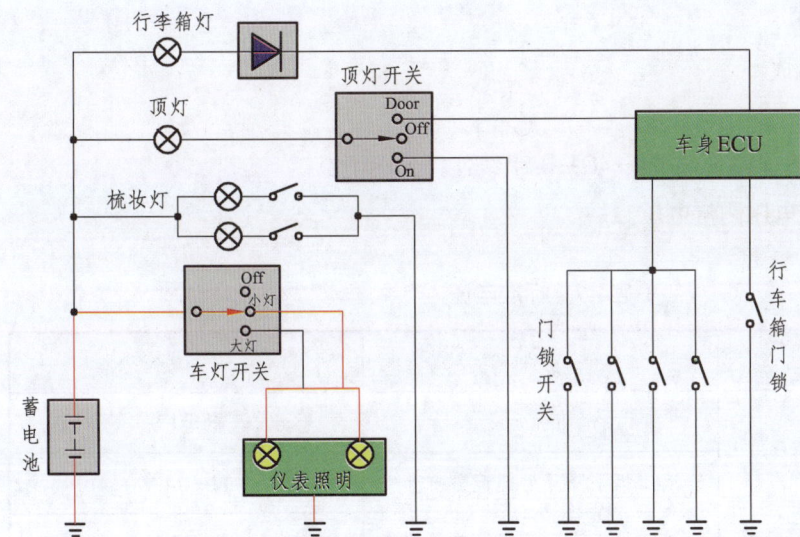

图4-21 车内照明灯电路

车内照明灯电路

任务实施

车内照明的检查

1. 检查顶灯（图4-22）与仪表板指示灯（图4-23）

（1）将打开顶灯至ON位置，检查顶灯是否正常点亮。

（2）将顶灯开关至DOOR位置。

（3）打开左前车门，检查仪表板指示灯是否正常亮起。

（4）关闭左前车门，检查仪表板指示灯是否正常熄灭。

检查仪表板指示灯

图4-22 检查顶灯

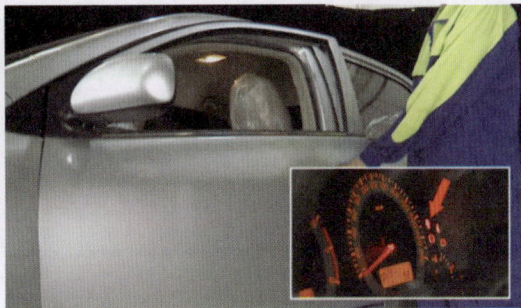

图4-23 检查仪表板指示灯

（5）按相同方法检查（打开、关闭）左前、左后、右前、右后门时仪表板指示灯是否正常。

（6）其他车内照明灯逐一进行检查是否正常亮起与熄灭。

2．检查梳妆灯电路

（1）拆卸梳妆灯总成。

（2）检查梳妆灯：

将蓄电池（＋）引线连接到端子1，（－）引线连接到端子2。

根据表4-7中的标准电压测量电压。

表4-7　标准电压

检测仪连接	条件	规定状态
1—2	遮阳板升高	低于1 V
	遮阳板下降且后视镜盖打开	11～14 V
	遮阳板下降且后视镜盖关闭	低于1 V

如果结果不符合规定，则线束侧有故障。

如果结果符合规定，但梳妆灯不亮，则更换灯泡。

（3）安装梳妆灯总成。

（4）其他车内照明灯按照类似的方法检查。

项目五

信号系统检修

学习引入

    本项目通过对汽车信号系统的常见故障进行诊断，使学生掌握信号系统的检修方法。并最终能解决客户所反映的问题。

学习目标

（1）能够认知转向信号系统组成。

（2）能够理解转向信号灯控制电路。

（3）了解转向信号灯常见故障。

学习任务

学习任务一

    转向信号灯及电路检修

学习任务二

    制动信号灯及电路检修

学习任务三

    喇叭及控制电路检修

学习任务一 转向信号灯及电路检修

相关知识

一、转向信号灯与继电器

转向信号灯的作用是指示车辆的转弯趋向，以引起交通民警、行人和其他驾驶员的注意，提高车辆行驶的安全性。当汽车的两个转向灯同时闪烁时，表示车辆遇紧急情况，请求其他车辆避让。

转向指示灯的功用是向驾驶人指示转动方向和转向信号灯工作情况。转向指示灯安装在驾驶仪表盘上，每辆汽车安装1~2只，受转向灯开关和闪光器控制，与转向信号灯合称转向灯。

转向信号电路主要由转向信号灯、闪光器、转向灯开关和转向指示灯组成。转向信号灯是通过灯泡的闪烁进行方向指示的。闪光器的作用是控制转向灯电路的通断，实现转向灯的闪烁。转向灯闪光频率规定为1.5 Hz。目前使用的闪光器主要有电热丝式、电容式和电子式三种。电子式闪光器具有性能稳定、可靠性高、寿命长的特点，目前得到广泛应用。

1. 电热丝式闪光器

电热丝式闪光器是利用镍铬合金制成的电热丝热胀冷缩的特性，接通或断开转向灯电路，从而实现转向信号灯及转向指示灯的闪烁的。当电流通过电热丝时，电热丝就会受热伸长使触点闭合；当切断电热丝中的电流时，电热丝就会冷却收缩，使触点断开。

如图5-1所示为电热丝式闪光器的结构。该闪光器主要由活动触点、电热丝、固定触点、线圈、附加电阻丝、铁心等组成。闪光器串联在电源与转向灯开关之间，有两个接线柱，分别接电源和转向灯开关。

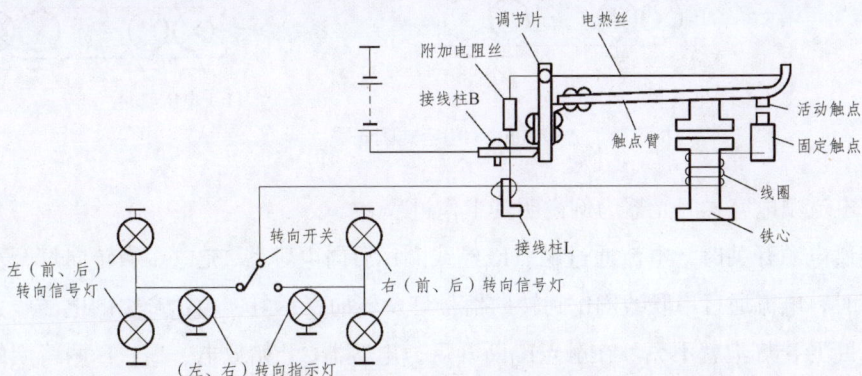

图5-1 电热丝式闪光器的结构

当转向灯开关处于断开状态时，活动触点在电热丝的拉力作用下处于断开状态，转向灯不通电，转向灯不亮。

当汽车转向时，拨动转向灯开关向欲转向一侧，如转向灯开关接通左转向灯瞬间，触点处于断开状态，电流经蓄电池"＋"→接线柱B→附加电阻丝→电热丝→触点臂→调节片→接线柱L→转向灯开关→左转向信号灯和左转向指示灯→搭铁→蓄电池"－"构成回路。由于附加电阻丝和电热丝串联在回路中，使电流较小，故转向信号灯和转向指示灯不亮。

经短时间的通电，电热丝发热膨胀，触点闭合。触点闭合后，电流经蓄电池"＋"→接线柱B→调节片→触点臂→触点→线圈→接线柱L→转向灯开关→左转向信号灯和左转向指示灯→搭铁→蓄电池"－"构成回路。此时，附加电阻丝和电热丝被短路，且线圈中产生的电磁吸力使触点闭合的更紧，电路中电阻小、电流大，转向信号灯和转向指示灯发出较强的光。

此时，由于无电流流经电热丝而使其冷却收缩，触点重新处于断开状态，附加电阻丝和电热丝重新串入电路，灯光变暗。如此反复，转向信号灯和转向指示灯明暗交替，示意行驶方向。

2. 电容式闪光器

图5-2（a）所示为电流型电容式闪光器，该闪光器的衔铁线圈与转向灯串联工作。

图5-2（b）所示为电压型电容式闪光器，该闪光器的衔铁线圈与转向灯并联工作。

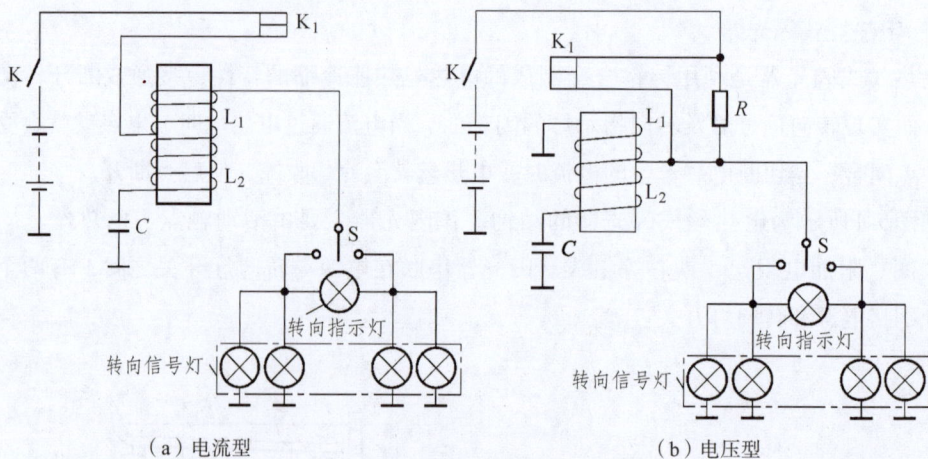

（a）电流型 　　　　　　　　　（b）电压型

图5-2　电容式闪光器

现以电流型电容式闪光器为例说明其工作过程。

当接通电源开关时，电流通过触点K_1经线圈L_2后向电容器C充电。当转向灯开关接通转向信号灯时，电流通过串联线圈L_1到转向信号灯及转向指示灯，由L_1产生的电磁吸力，将常闭触点K_1断开，灯泡就不亮。在触点K_1断开后，电容器C开始放电，L_1、L_2两线圈的吸力继续使触点断开，直至放电电流基本消失。放电电流消失后，触点K_1在本身弹力作用下，恢复闭合状态，此时流过 L_1 中的负荷电流与流过 L_2 的充电电流方向相反，电磁力互相抵消，K_1 继续闭合，灯泡继续发亮，当 C 接近充满电时，电流减小，两线圈产生的电磁力失去平衡，吸下 K_1，转向信号灯及转向指示灯灯泡熄灭。如此反复工作，转向信号灯及转向指示灯就以一定的频率闪烁。

（3）电子式闪光器

电子式闪光器可分为触点式（带继电器）和无触点式（不带继电器）两种。

如图 5-3 所示为带继电器触点式晶体管闪光器。当接通电源开关 SW 和转向灯开关 S 后（转向灯开关接通右转向灯），电流经蓄电池 "＋" →电源开关 SW→接线柱 B→电阻 R_1→继电器的常闭触点→接线柱 L→转向灯开关 S→右转向信灯及右转向指示灯→搭铁→蓄电池 "－" 构成回路，右转向信号灯及右转向指示灯发亮。

转向灯开关闭合后，加在三极管上的电压为正向电压，三极管 VT 导通，电流经三极管 VT 的集电极与发射极、继电器 J 的线圈搭铁。继电器 J 的线圈通电，其常闭触点由闭合状态变为断开状态，转向信号灯及转向指示灯熄灭。

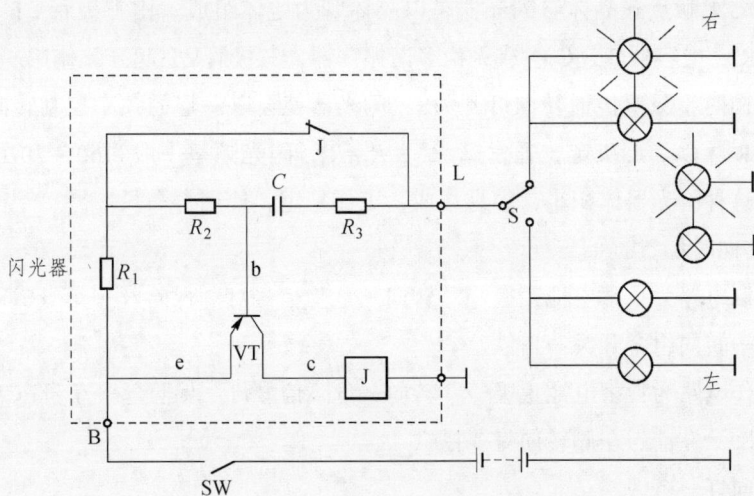

图5-3　带继电器触点式晶体管闪光器

与此同时，蓄电池经电阻三极管 VT 的基极向电容器充电。电流的流向为：蓄电池 "＋" →电源开关→接线柱 B→三极管 VT 的发射极→电容器 C→电阻 R_3→接线柱 L→转向灯开关→转向信号灯及转向指示灯→搭铁→蓄电池 "－"。电容器充满电后，三极管 VT 的基极电位升高，则三极管 VT 截止，继电器 J 的线圈断电，继电器 J 的常闭触点又重新闭合，转向信号灯及转向指示灯重新发亮。

由上述过程可知，当继电器 J 的常闭触点闭合时，转向信号灯及转向指示灯发亮；当继电器 J 的常闭触点断开时，转向信号灯及转向指示灯熄灭。而继电器 J 常闭触点闭合与否取决于三极管 VT 的导通状态，电容器 C 的充放电使三极管 VT 反复导通和截止，由此使得触点时通时断，转向信号灯及转向指示灯闪烁发光。

如图5-4所示为不带继电器无触点式晶体管闪光器。

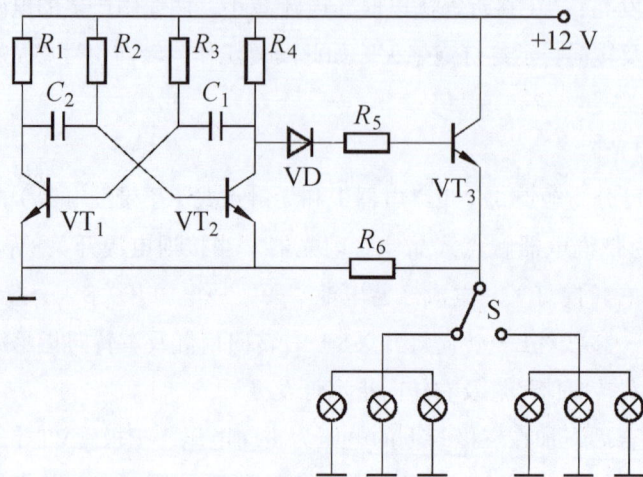

图5-4　不带继电器无触点式晶体管闪光器

不带继电器无触点式晶体管闪光器是以晶体管为主体组成，由三极管VT_1和VT_2，电阻R_1、R_2、R_3、R_4，电容器C_1、C_2组成无稳多谐振荡器，三极管VT_3起开关作用。

当汽车转向时，只要接通转向灯开关S，闪光器就会以一定的频率控制转向灯闪光。闪光频率由C_1、R_2、C_2、R_3决定，通常$C_1=C_2$，$R_2=R_3$，闪光频率一般为60～70次/分，亮灭时间比为1∶1。这种闪光器体积小，容易集成，工作稳定，使用寿命长。

（1）左转向时：

其信号控制电路为：蓄电池正极→"转向—危险信号灯"保险丝→车身ECU→闪光继电器→车身ECU→转向组合开关→搭铁。

其转向工作电路为：蓄电池正极→"转向—危险信号灯"保险丝→车身ECU→闪光继电

器→ $\begin{cases}$ 车身ECU→左前、左侧转向灯→搭铁 \\ 左后转向灯→搭铁 \\ 仪表板转向指示灯→搭铁 $\end{cases}$，

（2）右转向及危险警告时的信号控制电路和工作电路与左转向时的情况一样。07款卡罗拉1.6 L自动GL转向灯电路如图5-5所示。

转向灯电路原理

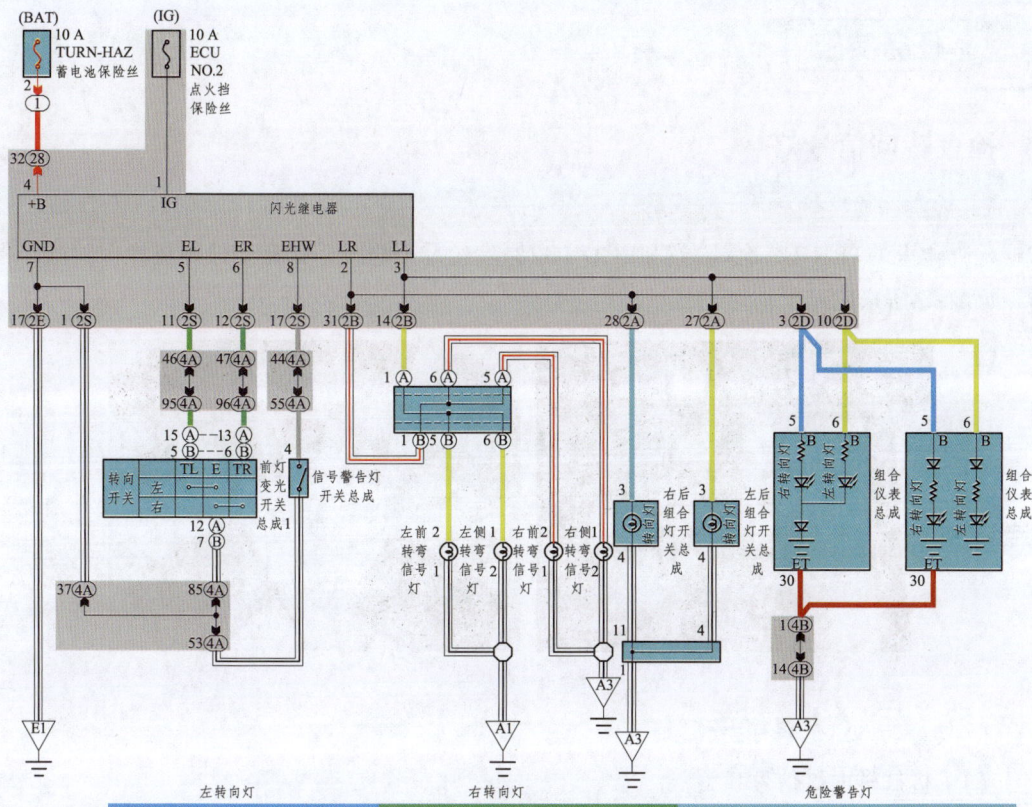

图5-5　07款卡罗拉1.6 L自动GL转向灯电路

二、转向信号灯常见故障

汽车转向信号大体上有两种：一是闪烁信号；二是持续闪烁。常见故障是转向信号灯不亮和转向信号灯不能正常工作。转向信号灯不正常的原因及排除方法如表5-1所示。

表5-1　转向信号灯与危险报警灯电路故障表

故障现象	原因	排除方法
两侧转向灯同时亮	转向开关失效	检查转向开关
两侧转向灯闪烁频率不同	（1）两侧灯泡的功率不等； （2）有灯泡坏	检查灯泡型号
转向灯常亮不闪	（1）闪光器损坏； （2）接线错误	检查闪光器及电路接线
闪频过高或过低	（1）灯泡功率不当； （2）闪光器工作不良，触点间隙过大或过小； （3）电源电压过高或过低	（1）检查灯泡； （2）更换闪光源、调整触点； （3）调整电压调节器

检查转向信号灯

1. 检查保险丝

检查盒里的TRN-HAZ保险丝和ECU-IG2保险丝是否烧毁，如有烧毁则更换保险丝，保险丝如图5-6所示。

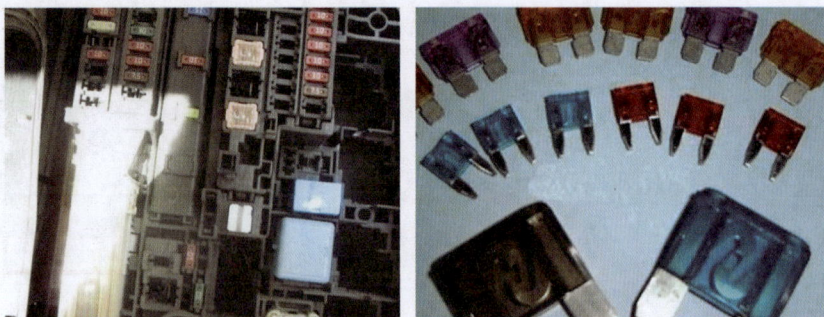

图5-6　保险丝

2. 检查转向灯信号开关

（1）拆卸转向灯信号开关。

（2）检查转向灯信号开关。

根据表5-2、表5-3中的值测量前大灯变光开关总成端子（如图5-7）间的电阻，若有异常则更换转向信号灯开关。

表5-2　带自动灯控系统

检测仪连接	条件	规定状态
12（E）—13（TR）	OFF	≥10 kΩ
12（E）—15（TL）		
12（E）—13（TR）	RH	<1 Ω
12（E）—13（TL）	LH	<1 Ω

表5-3　不带自动灯控系统

检测仪连接	条件	规定状态
6（TR）—7（E）	OFF	≥10 kΩ
5（TL）—7（E）		
6（TR）—7（E）	RH	<1 Ω
5（TL）—7（E）	LH	<1 Ω

3. 检查闪光继电器

（1）闪光继电器的检查。

① 拔下闪光继电器，检查是否损坏，如有损坏，则更换新的闪光继电器；

② 若无法观察闪光继电器是否损坏，用跨接线连接电源与闪光器插座 L 端子，如果转向灯在打转向开关的两个位置都亮，则闪光继电器失效，应予以更换，如图5-8所示。

没有线束连接的零部件：
（前大灯变光开关总成）

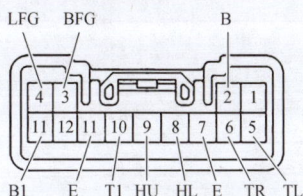

图5-7 前大灯变光开关总成端子

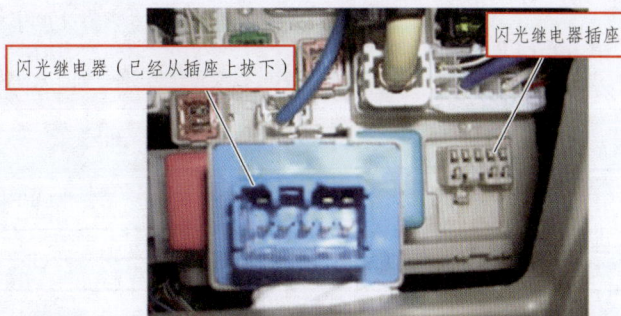

图5-8 闪光继电器

4. 检查闪光灯总成

（1）拆卸仪表板下装饰板总成。

（2）拆卸转向信号闪关灯总成。

（3）检查转向信号闪光灯总成：

① 从仪表板接线盒上拆下转向信号闪光灯总成。其端子如图5-9所示。

② 根据表5-4中的标准电压，测量电压。如果结果不符合规定，则线束侧有故障；需要更换线束。

仪表板接线盒

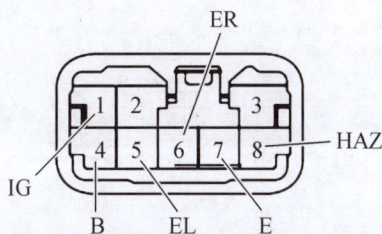

图5-9 转向信号闪光灯总成端子

表5-4 标准电压

检测仪连接	条件	规定状态
4（B）—车身搭铁	始终	11～14 V
1（IG）—车身搭铁	点火开关置于OFF位置	＜1 V
	点火开关置于ON（IG）位置	11～14 V

③ 根据表5-5中的标准电压，测量电压；如果结果不符合规定，则线束侧有故障；需要更换线。

表5-5　标准电阻

检测仪连接	条件	规定状态
5（EL）—车身搭铁	转向信号开关置于OFF位置	≥10 kΩ
	转向信号开关置于LH位置	<1 Ω
6（ER）—车身搭铁	转向信号开关置于OFF位置	≥10 kΩ
	转向信号开关置于RH位置	<1 Ω
7（E）—车身搭铁	始终	<1 Ω
8（HAZ）—车身搭铁	危险警告开关置于OFF位置	≥10 kΩ
	危险警告开关置于ON位置	<1 Ω

④ 转向信号闪光灯总成安装到仪表板接线盒上，仪表板接线盒如图5-10所示。

有线束连接的零部件：（仪表板接线盒）

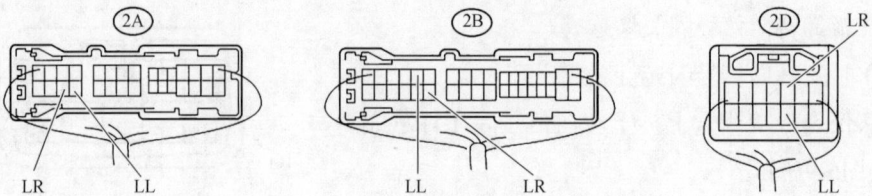

图5-10　仪表板接线盒

⑤ 根据表5-6中的标准电压，测量电压。如果结果不符合规定，更换转向信号闪光灯总成。

表5-6　标准电压

检测仪连接	条件	规定状态
2A-27（LL）—车身搭铁	转向信号开关置于OFF位置	<1 V
	转向信号开关置于LH位置	11～14 V（60～120次/分）
	危险警告开关置于OFF位置	<1 V
	危险警告开关置于ON位置	11～14 V（60～120次/分）

续表

检测仪连接	条件	规定状态
2A-28（LR）—车身搭铁	转向信号开关置于OFF位置	＜1 V
	转向信号开关置于RH位置	11～14 V（60～120次/分）
	危险警告开关置于OFF位置	＜1 V
	危险警告开关置于ON位置	11～14 V（60～120次/分）
2B-14（LL）—车身搭铁	转向信号开关置于OFF位置	＜1 V
	转向信号开关置于LH位置	11～14 V（60～120次/分）
	危险警告开关置于OFF位置	＜1 V
	危险警告开关置于ON位置	11～14 V（60～120次/分）
2B-31（LR）—车身搭铁	转向信号开关置于OFF位置	＜1 V
	转向信号开关置于RH位置	11～14 V（60～120次/分）
	危险警告开关置于OFF位置	＜1 V
	危险警告开关置于ON位置	11～14 V（60～120次/分）
2D-10（LL）—车身搭铁	转向信号开关置于OFF位置	＜1 V
	转向信号开关置于LH位置	11～14 V（60～120次/分）
	危险警告开关置于OFF位置	＜1 V
	危险警告开关置于ON位置	11～14 V（60～120次/分）
2D-3（LR）—车身搭铁	转向信号开关置于OFF位置	＜1 V
	转向信号开关置于RH位置	11～14 V（60～120次/分）
	危险警告开关置于OFF位置	＜1 V
	危险警告开关置于ON位置	11～14 V（60～120次/分）

（4）安装转向信号闪光灯总成。将转向信号闪光灯总成按照拆卸相反顺序安装到接线盒上。

（5）安装仪表板下装饰板总成。

学习任务二　制动信号灯及电路检修

相关知识

一、制动信号灯

制动信号灯安装在车辆尾部，用来通知后面的车辆该车正在制动，以避免车辆追尾。制动信号灯由制动开关控制，制动开关的形式有气压式、液压式和机械式三种。

气压式和液压式制动开关通常用于载货汽车，一般装在制动管路中，利用管路中的气压或液压使开关中两接线柱相连，从而接通制动信号灯的电路。气压式制动信号灯开关的结构如图5-11所示。

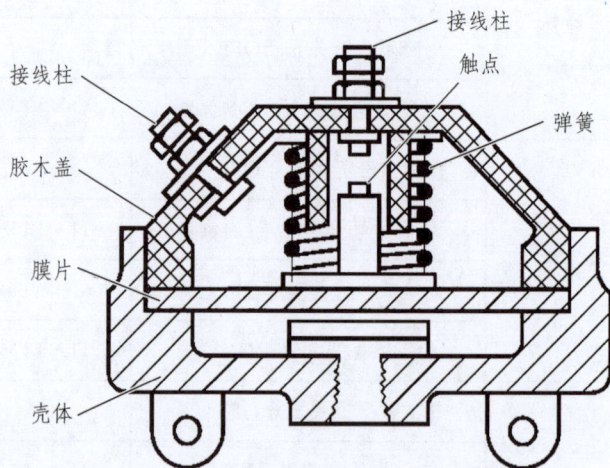

图5-11　气压式制动信号灯开关的结构

机械式制动开关一般安装在制动踏板的下方。当踩下制动踏板时，制动开关内的活动触点使两个接线柱接通，制动信号灯发亮。松开制动踏板后，断开制动信号灯电路，制动信号灯熄灭。

二、制动灯电路识读

当车辆需要刹车时，踩下制动踏板使汽车减速至停车时，电流经蓄电池正极，经过熔断丝至制动灯开关，至制动灯，再经搭铁回到蓄电池负极行成一个回路；当松开制动踏板时，制动灯开关断开，制动灯熄灭。制动灯电路原理如图5-12所示。

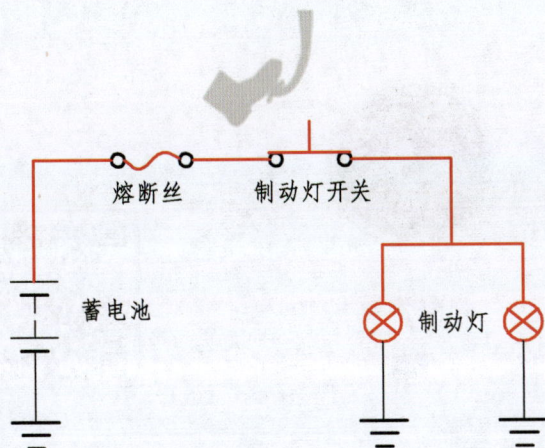

图5-12　制动灯电路原理

制动灯电路原理

三、制动灯电路的检修

制动灯电路故障可参照表5-7检修。

表5-7　制动灯电路故障表

故障现象	故障原因	排除方法
全部制动灯不亮	制动灯熔丝烧断、制动灯损坏、制动灯开关损坏、线路有断路	可先查制动灯熔丝，再查灯丝是否烧断、灯座是否接触不良。若上述情况正常，可短接制动灯开关，若灯变亮，说明制动灯开关损坏；若仍不亮，应用试灯查线路是否断路
单边制动灯不亮	制动灯损坏或接触不良、线路有断路	应查该制动灯是否烧断、灯座是否接触不良、该侧灯线是否折断
制动灯常亮	一般多为制动灯开关有故障	松开制动踏板，制动灯常亮，这种故障一般出现在踏板控制式制动灯开关上。应检查踏板能否回位，开关中心顶柱是否磨损或开关内部是否短路

四、制动灯电路故障警告灯功用

制动灯电路故障警告灯如图5-13所示，其用于指示制动灯灯泡或电路工作状况，正常情况下熄灭，当制动灯灯泡故障或电路有断路时，该灯点亮。

警告灯点亮

制动灯电路故障

制动踏板

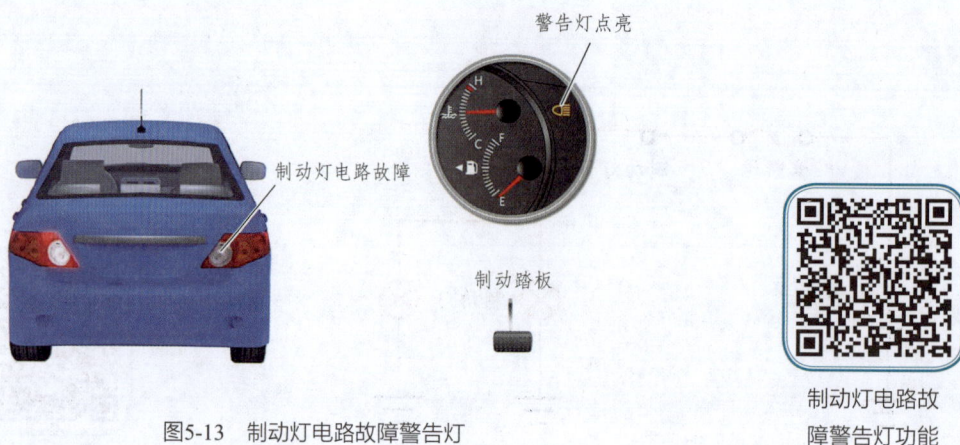

图5-13　制动灯电路故障警告灯

制动灯电路故
障警告灯功能

任务实施

制动信号灯的检查

1. 检查制动灯

（1）拆卸制动灯总成。

（2）检查制动灯总成。

将蓄电池（＋）引线连接到端子2，（－）引线连接到端子1。检查并确认制动灯是否亮起。正常情况下制动灯应亮起。如果结果不符合规定，则更换灯总成。

（3）安装制动灯总成。

2. 检查制动灯开关总成

（1）拆卸制动开关总成。

（2）检查制动灯开关总成。

① 制动信号灯开关插接器端子如图5-14（a）所示。

② 检查时分别按制动信号灯开关按下和未按下两种情况进行检查，如图5-14（b）所示。

③ 制动开关内部原理如图5-14（c）所示。

未按下

按下

| 2 | 1 |
| 4 | 3 |

①　④

②　③

（a）

（b）

（c）

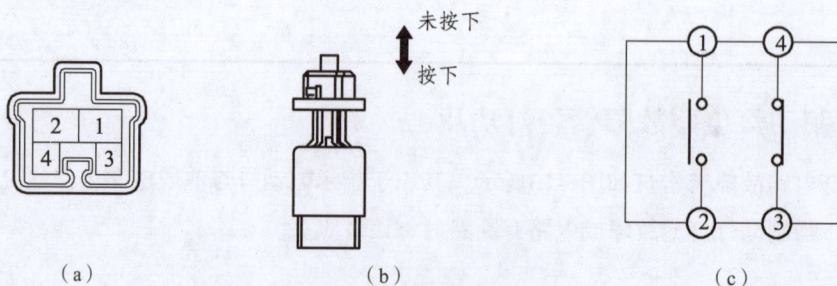

图5-14　制动信号开关图

表5-8　标准电阻

检测仪连接	开关状态	规定状态
1—2	按下	10 kΩ
	未按下	<1 Ω
3—4	按下	<1 Ω
	未按下	≥10 kΩ

（3）检查新的制动灯开关总成。

① 检查新的制动灯开关零件号是否正确、外观是否完好如图5-15所示。

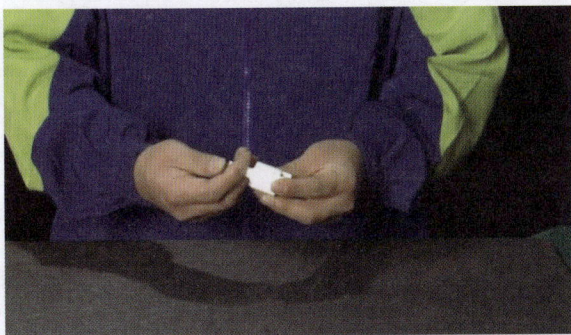

图5-15　检查零件号外观

检查新的制动灯总成

② 选用万用表，将万用表打在"欧姆"挡，并对其校零，如图5-16所示。

③ 使用万用表测量制动开关1号、2号端子，并读取测量值，标准值为小于1 Ω，如图5-17所示。

图5-16　校零

图5-17　测量1号、2号端子间电阻

④ 将制动开关的触头压到底，如图5-18所示。

⑤ 读取测量值，如图5-19所示，标准值为10 kΩ或更大。

图5-18　按下制动开关触头

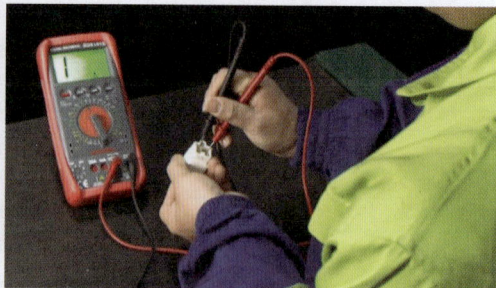

图5-19　测量电阻

学习任务三　喇叭及控制电路检修

相关知识

一、喇叭的作用与结构

喇叭是汽车的音响信号装置。在汽车的行驶过程中，驾驶员根据需要和规定发出必需的音响信号，警告行人和引起其他车辆注意，保证交通安全，同时还用于催行与传递信号。汽车喇叭主要由膜片、衔铁、线圈、触点以及共鸣片等几部分组成，如图5-20所示。

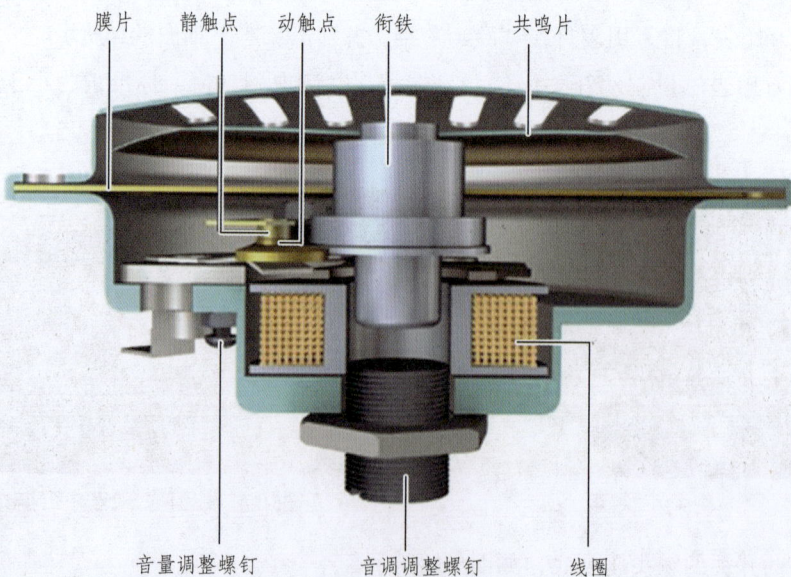

膜片　静触点　动触点　衔铁　共鸣片

音量调整螺钉　音调调整螺钉　线圈

图5-20　电喇叭结构

二、电喇叭工作原理

汽车电喇叭是靠金属膜片的振动从而发出声音。汽车电喇叭由铁心、磁性线圈、触点、衔铁、膜片等组成，其结构如图5-21所示。

工作原理：当按下喇叭按钮10时，进入喇叭的电流由蓄电池正极→线圈2→触点7→喇叭按钮10→搭铁→蓄电池负极构成回路。线圈2通电后产生电磁吸力，吸动上铁心3及衔铁6下移，使膜片4向下拱曲，衔铁6下移中将触点7顶开，线圈2电路被切断，其电磁力消失，上铁心3、衔铁6在膜片4弹力的作用下复位，触点7又闭合。如此反复一通一断，使膜片及共鸣板连续振动辐射发声。

汽车上装有单只电喇叭时，一般直接用喇叭按钮控制。但大多数汽车为了得到音色更好、更悦耳动听的音响效果，常常装有高、低音两种喇叭，甚至高、中、低3种不同音调的电喇叭，两个或一个电喇叭同时工作时，电流可达15 A或20 A。如果用喇叭按钮直接控制，大电流将很快把喇叭按钮烧坏，因此采用喇叭继电器。

按钮控制继电器线圈中电流的通断，再通过继电器触点控制喇叭。12 V电器的汽车上所用喇叭继电器，一般要求闭合电压不大于6 V，释放电压不小于3 V；继电器线圈通常为1 000匝，20℃时的电阻为26 Ω；继电器的额定电流一般选用20 A以上。盆形电喇叭工作额定电流通常为3~4 A，电流虽不大，但为了提高按钮的使用寿命，不少车上还是配置了喇叭继电器。

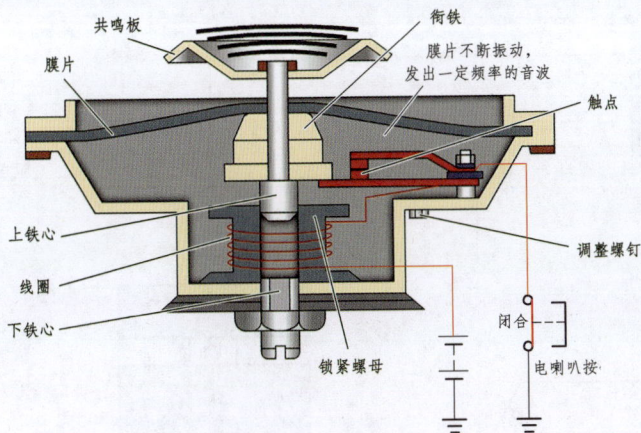

图5-21　电喇叭结构

电喇叭电路原理

三、电喇叭常见故障

在很多有关喇叭的故障中，出现问题时往往是喇叭本身的故障。特别是某些汽车设计的喇叭安装位置存在缺陷，在下雨时很容易使喇叭被雨水淋湿，造成喇叭的损坏。常见的喇叭故障如下：

（1）有时不响。按喇叭开关，如果喇叭有时响，有时不响，多是喇叭内部的触点接触不好，有些也是喇叭本身的问题。

（2）声音沙哑。多是由于插头接触不良，特别是转向盘周围的各个触点，由于使用频繁，容易使触点出现磨损。

（3）完全不响。首先检查熔丝看是否熔断，然后拔下喇叭插头，用万用表测量在按喇叭开关时此处是否有电。如果没电，应检查喇叭线束和喇叭继电器；如果有电，则是喇叭本身的问题，此时也可以试着调节喇叭上的调节螺母看是否能发声，如果还是不响，则需要更换喇叭。

四、电喇叭常见故障

喇叭不响是电气中的常见问题，遇到此类问题时，首先确认汽车电源系统工作正常，然后进一步检测喇叭电路，07款卡罗拉1.6L自动GL喇叭信号控制电路如图5-22所示。

查看喇叭的电路原理，如果喇叭不发声，故障原因可能在电路中的保险丝，喇叭继电器，喇叭按钮处，其中任何一处出现故障，均可能导致喇叭电路断路，引起喇叭不响。另外，两侧喇叭不响，还有可能是因为连接线路松动，或两侧喇叭同时坏掉，这种情况发生的概率较低，但也要考虑在内。

归纳起来，喇叭不响的故障原因主要有：① 喇叭按钮故障；② 保险丝故障；③ 喇叭继电器故障；④ 螺旋电缆故障；⑤ 连接线路故障；⑥ 喇叭本身故障。

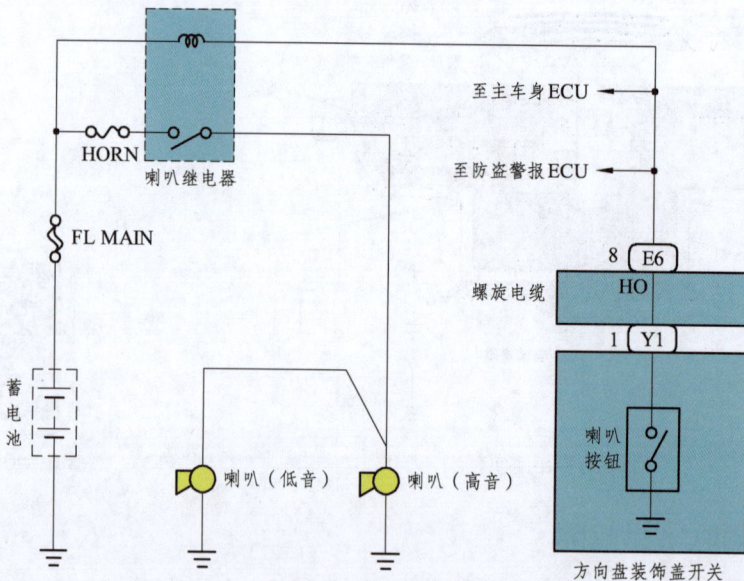

图5-22　07款卡罗拉1.6L自动GL喇叭信号控制电路

任务实施

电喇叭的检查

1. 检查喇叭按钮

如图5-23所示，从车辆拆下方向盘装饰盖，目视检查，方向盘装饰盖上的喇叭按钮接触片是否变形或烧蚀损坏。如有变形，则换上新的方向盘装饰盖。

2. 检查保险丝

（1）打开发动机舱中的继电器盒盖，找到喇叭继电器，继电器的具体位置可查阅继电器盒盖内侧上的分布图，然后用熔断器夹将其取下。

（2）目测熔断器是否烧坏，如果无法目测，则选用数字万用表测量熔断器两插脚之间的电阻，如测得的阻值为0，则说明熔断器已烧坏，需要进行更换。

不带方向盘装饰盖开关：　　　　　　带方向盘装饰盖开关：

喇叭按钮接触片　　　　　　喇叭按钮接触片

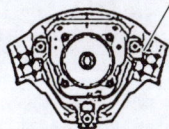

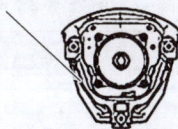

图5-23　检查喇叭按钮　　　　　　图5-24　继电器盒

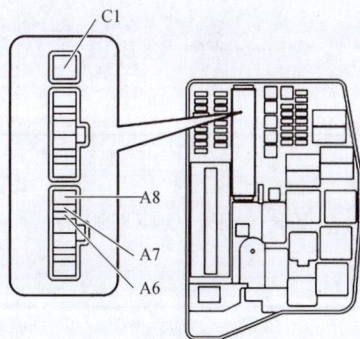

3. 检查保险丝

从发动机舱的继电器盒如图5-24所示中拆下集成继电器，值测量电阻。

如果检测的结果不符合如表5-9所示标准，则更换集成继电器。

表5-9　标准电阻

检测仪连接	条件	规定状态
C1—A8	蓄电池电压没有施加在端子A6和A7上时	$\geq 10\text{ k}\Omega$
C1—A8	蓄电池电压施加在端子A6和A7上时	$< 1\ \Omega$

4. 检查螺旋电缆

（1）拆卸螺旋电缆。

（2）检查螺旋电缆。

① 目测观察连接器或者螺旋电缆上是否有划痕、裂缝、凹痕或碎片。如果有，则需要换上新的螺旋电缆。

② 检查螺旋电缆。

> ⚠ **注意事项**
>
> 为避免螺旋电缆损坏，转动螺旋电缆时不要超过必要的圈数。

如果数值不在表5-10规定的范围内，则需更换螺旋电缆。

表5-10　标准电阻

检测仪连接	条件	规定状态
Y1—1—E6—8（HO）	中央	<1Ω
	向左转2.5圈	
	向右转2.5圈	
Y1—1—E6—3（CCS）	中央	<1Ω
	向左转2.5圈	
	向右转2.5圈	
Y1—2—E6—4（ECC）	中央	<1Ω
	向左转2.5圈	
	向右转2.5圈	
Y1—5—E6—12（IL＋2）	中央	<1Ω
	向左转2.5圈	
	向右转2.5圈	
Y1—8—E6—4（EAU）	中央	<1Ω
	向左转2.5圈	
	向右转2.5圈	
Y1—9—E6—5（AU2）	中央	<1Ω
	向左转2.5圈	
	向右转2.5圈	

续表

检测仪连接	条件	规定状态
Y1—10—E6—6（AU1）	中央	<1Ω
	向左转2.5圈	
	向右转2.5圈	
Y3—1—E—2（D—）	中央	<1Ω
	向左转2.5圈	
	向右转2.5圈	
Y3—2—E7—1（D＋）	中央	<1Ω
	向左转2.5圈	
	向右转2.5圈	

（3）安装螺旋电缆表，如图5-25所示。

螺旋电缆：

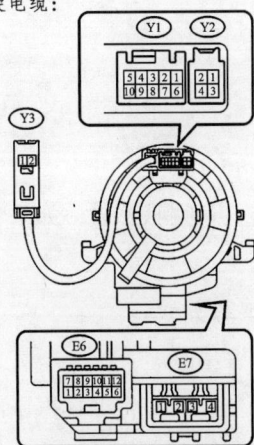

图5-25　螺旋电缆

5．检查线束

（1）轻轻地上下或者左右摆动电气配线以检查故障。主要检查接头的根部，查看导线是否从端子中脱开，如果有这种情况，需要进行紧固或者更换新的配线。

（2）断开插接器，查看线头是否被锈蚀或腐蚀，如果有，则需要更换新的配线。

6．检查电喇叭

（1）拆卸散热器上空气导流板。拆下6个卡子和散热器上空气导流板，如图5-26所示。

（2）拆下两个散热器格栅防护罩。

（3）拆卸前保险杠总成，如图5-27所示。

① 沿前保险杠总成四周粘贴保护性胶带。

② 拆下6个螺钉、2个螺栓和3个卡子。

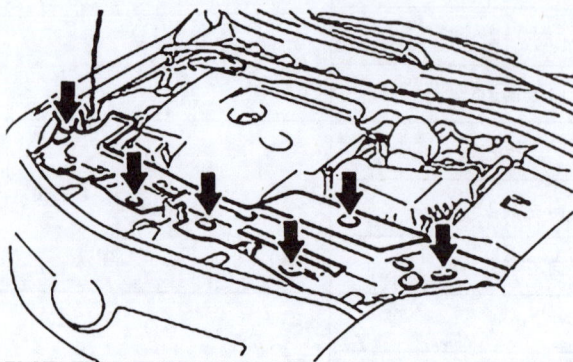

图5-26 拆卸散热器上空气导流板

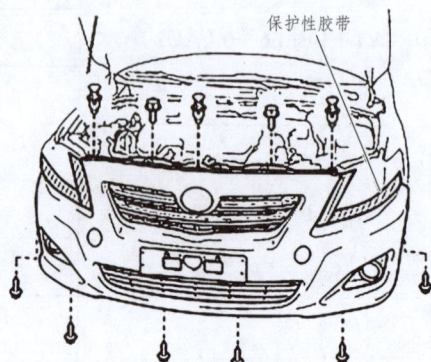

保护性胶带

图5-27 拆卸前保险杠总成

⚠️ **注意事项**

带有前大灯清洗器系统的需排空清洗液。

（4）拆卸低音喇叭总成。

①断开连接器。

②拆下螺栓和低音喇叭总成。

（5）检查低音喇叭总成，如图5-28所示。

①参照右图方式连接蓄电池与低音喇叭总成，如果喇叭鸣响，则说明其工作正常。

②按照相同方式检查高音喇叭。

（6）安装高、低音喇叭如图5-29所示。

按拆卸时相反顺序安装高、低音喇叭。

当诊断与维修工作结束后，用洁净的布将工具擦干净并放回工具箱，将废弃物分门别类放入相应的垃圾桶，将工作现场打扫干净。

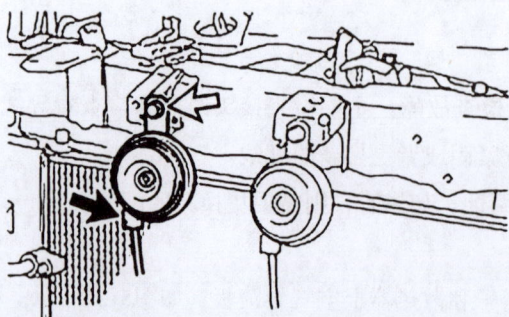

图5-28 检查低音喇叭总成

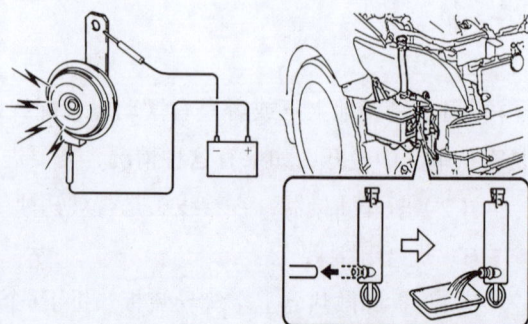

图5-29 安装高、低音喇叭

项目六

辅助电气设备检修

学习引入

本项目主要是通过检查雨刮器、电动车窗、中控门锁、电动座椅和电动后视镜的实践操作，使学生认识这些辅助电气设备的构造和工作原理以及相应的检修方法。

学习目标

（1）能够认知辅助电气设备的结构和工作原理。
（2）按照标准工艺流程，完成相应的辅助电气设备的检修作业项目。
（3）了解安全操作要求，养成安全文明操作的习惯。

学习任务

学习任务一

刮水器系统检修

学习任务二

电动车窗检修

学习任务三

中控门锁检修

学习任务四

电动座椅检修

学习任务五

电动后视镜检修

学习任务六

安全气囊检修

学习任务一 刮水器系统检修

相关知识

一、电动刮水器的组成

电动刮水器主要由直流电动机、蜗轮减速机构、拉杆、摆杆、刮水器臂、刮水器片等组成，如图6-1所示。一般电动机和蜗轮减速机构结合成一体组成刮水器电动机总成。

直流电动机是电动刮水器的动力源，通过传动机构，使刮水器片在风窗玻璃外表面往复摆动以扫除风窗玻璃上的雨水、积雪或灰尘。

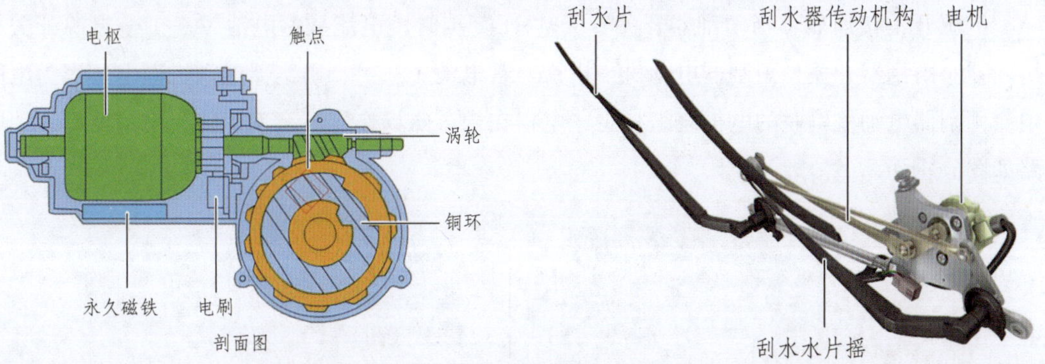

图6-1 雨刮器电动机组成

二、电动刮水器的工作原理

通过控制雨刮器开关，可实现雨刮器的停机复位、低速运转、高速运转、间歇运转、间歇控制和喷水器工作，其工作过程如下：

如果在任意时刻刮水结束后，刮水片没有停到适当位置，则自动复位开关触片将接触，电路继续流入电枢，其电路为蓄电池（＋）→电源开关→雨刮器电动机→雨刮器开关→自动复位触片→打铁→蓄电池（－）。由此电动机仍以低速运行。当刮水片摆到适当位置后，自动复位触片分离，切断电动机的搭铁线，电动机迅速停止运转，使刮水片复位到风窗玻璃的下部。

电源开关接通后，当雨刮器开关置于"LO"挡时，电流从蓄电池（＋）→电源开关→熔断器→雨刮器电动机→雨刮器开关→自动复位触片→打铁→蓄电池（－），雨刮器电动机通电。因为电路中与雨刮器电动机串联的电枢绕组较多，电枢在永久磁场作用下低速运转，雨刮器低速挡电路如图6-2所示。

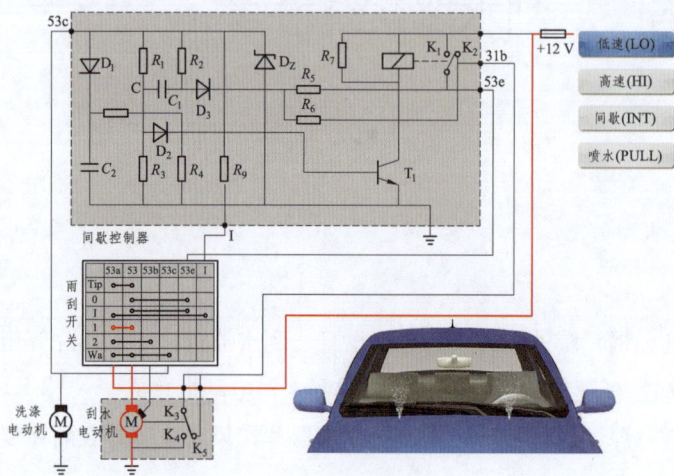

图6-2　雨刮器低速挡电路

雨刮器低速挡电路原理

　　电源开关接通后，当雨刮器开关置于"HL"挡时，电流从蓄电池（＋）→电源开关→熔断器→雨刮器开关→雨刮器电动机→搭铁→蓄电池（－），雨刮器电动机通电。因为电路中与雨刮器电动机串联的电枢绕组减少，电枢在永久磁场作用下高速运转，雨刮器高速挡电路如图6-3所示。

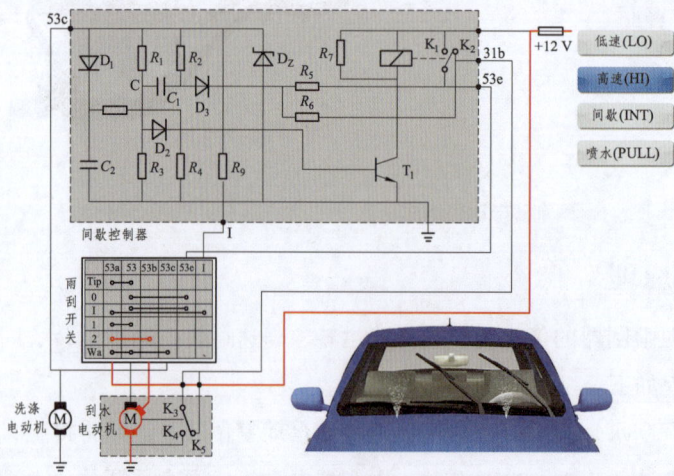

图6-3　雨刮器高速挡电路

雨刮器高速挡电路原理

　　电源开关接通后，当雨刮器开关置于"INT"挡时，雨刮器电动机就在间歇继电器的控制下工作，此时电路为蓄电池（＋）→电源开关→熔断器→间歇继电器→雨刮器电动机→打铁→蓄电池（－），雨刮器电动机通电，按每2～12 s刮水一次的规律自动停止和刮水，雨刮器间歇挡电路如图6-4所示。

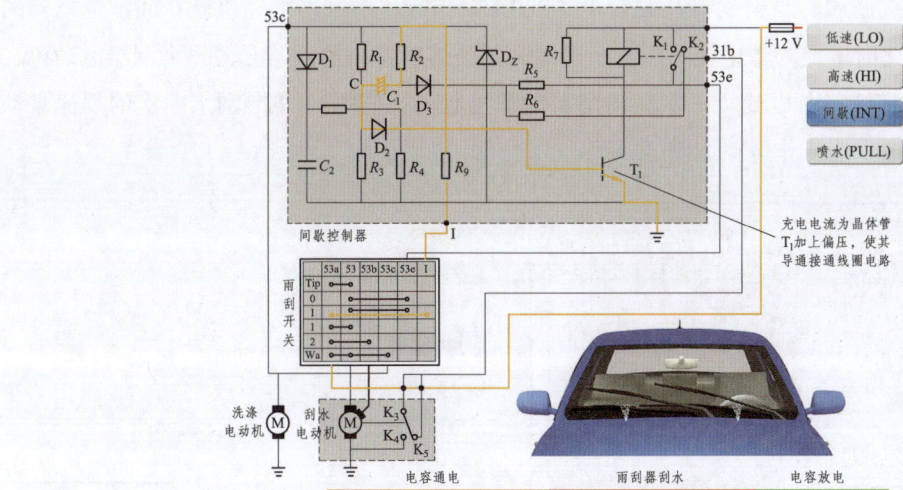

低速(LO)
高速(HI)
间歇(INT)
喷水(PULL)

充电电流为晶体管 T_1 加上偏压，使其导通接通线圈电路

间歇控制器

雨刮开关

洗涤电动机　刮水电动机

电容通电　　雨刮器刮水　　电容放电

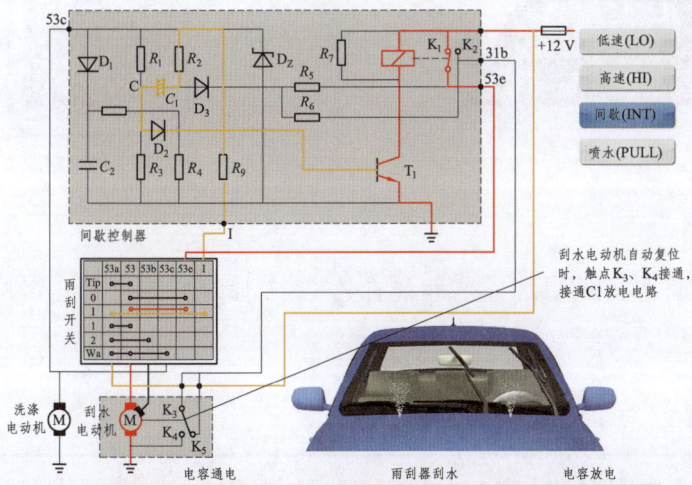

低速(LO)
高速(HI)
间歇(INT)
喷水(PULL)

刮水电动机自动复位时，触点 K_3、K_4 接通，接通C1放电电路

间歇控制器

雨刮开关

洗涤电动机　刮水电动机

电容通电　　雨刮器刮水　　电容放电

雨刮器间歇挡电路原理

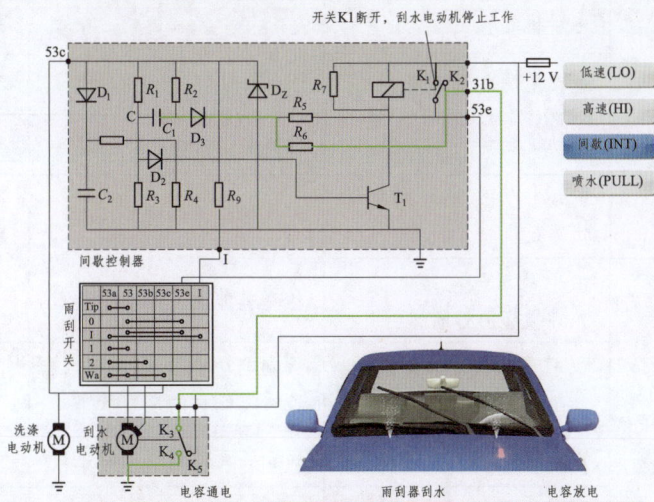

开关K1断开，刮水电动机停止工作

低速(LO)
高速(HI)
间歇(INT)
喷水(PULL)

间歇控制器

雨刮开关

洗涤电动机　刮水电动机

电容通电　　雨刮器刮水　　电容放电

图6-4　雨刮器间歇挡电路

电源开关接通后，当雨刮器开关置于"PULL"挡时，雨刮器电动机就在间歇继电器的控制下工作，此时电路为蓄电池（＋）→电源开关→熔断器→雨刮器开关→雨刮器电动机，洗涤电动机→搭铁→蓄电池（－），雨刮器电动机通电，按每2～12 s刮水一次的规律自动停止和刮水。喷水器工作电路如图6-5所示。

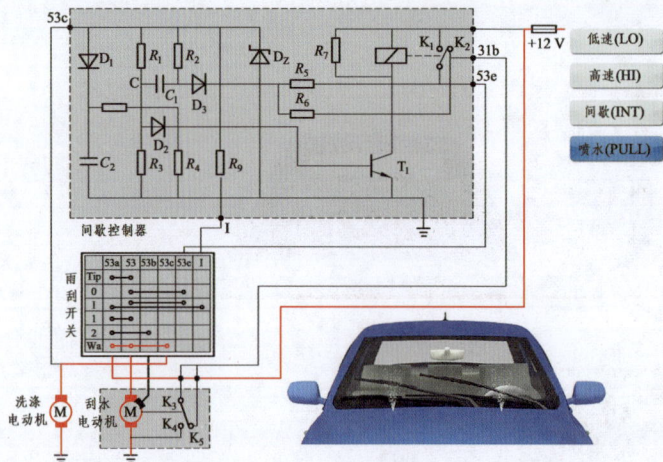

图6-5　喷水器工作电路

喷水器工作电路原理

三、电动刮水器的故障

电动刮水器出现故障时，既可能有机械原因，又可能有电气线路原因。表6-1列出了典型故障的产生原因及修理方法。

表6-1　电动刮水器电路故障检修表

		故障现象与原因		修理方法
刮水器不工作	电动机	电动机的转子断线	电流不能流过电动机	更换电动机或转子
		电动机的电刷磨损		更换电刷
		电动机轴烧坏	通电4～5 min电动机过热	更换电动机
		电动机内部短路或暂时短路及烧损	刮水器电路的熔丝烧断	更换电动机或修理短路处
	电源和电路连接	由于刮水器电路的其他元件损坏而熔断熔丝	检查其他元件的工作状况	更换损坏的元件
		线路连接处松动、脱出或断路	检查电动机附近的接线，检查接线柱的装配状态	修理
		错误接线	检查各连接软线的颜色	修理
		搭铁不良	检查搭铁线	修理

		故障现象与原因		修理方法
刮水器不工作	开关	开关接触不良	电动机不通电	修理
	连杆	连杆的其他元件和配线挂住,连杆脱落	检查连杆部分	修理
		摇臂烧坏、锈死	摇臂是否能向前、向后移动	润滑或更换
刮水器力度不够	电动机	电动机的转子局部短路	使摇臂立起来后电流增天(3~5A)	更换电动机或转子
		电动机的电刷磨损	用手轻轻推摇臂,摇臂则停止	更换电刷
		电动机有烧焦气味	使摇臂立起来后电流增天(3~5A)	更换电动机或润滑轴承
	电源和电路连接	电源电压降低	测量电压或检查其他情况(灯光亮度等)	检查电源
	开关	开关接触不良	使开关工作4~5次,电压仍降低	更换开关
	连杆	有烧焦气味	电动机在摇臂工作周期内有响声并有气味	加润滑油或更换
	刮水器片	刮板粘在玻璃上	使摇臂立起来,在无负荷状态下工作正常	将刮板、玻璃表面擦净或更换刮板
刮水器速度转换不正常	电动机	相应一方电刷磨损	与规定的低、高速的速度比(1:1.4)远不相同,或速度相同,但在某一速度下电动机不工作	更换电刷
间歇刮水器不正常	停在某处	开关的1位、2位间接触不良	拆开开关检查	更换开关
		自动停止装置继电器的触点污损,或者有异物使触点接触不良	拆开自动停止装置盖,检查触点	清理触点,注意不要使继电器簧片变形
	不停止	自动停止装置动作不灵活(触点不能开闭)	拆开自动停止装置益,检查工作状况	矫正继电器的簧片
		间歇刮水继电器损坏或线路有故障	查线路	检查间歇继电器和线路

任务实施

雨刮器的检查

1. 检测熔断器

打开驾驶室中的仪表板接线盒，如图6-6所示，选用缠有保护胶带的一字螺丝刀撬开仪表板接线盒装饰盖，找到雨刮保险丝，如图6-7所示，然后用熔断器夹将其取下。

图6-6　打开仪表板接线盒

图6-7　找到雨刮保险丝

目测熔断器是否烧坏，如果无法目测，则选用数字万用表测量熔断器两插脚之间的电阻，如测得的阻值为0，则说明熔断器已烧坏（见图6-8），需要进行更换如图6-9所示。

图6-8　烧坏的保险丝

图6-9　完好的保险丝

更换熔断器之前，先要查清电路是否过载，如果有则先要进行排除，否则新换的熔断器将也很快会被熔断。

2. 检查雨刮电动机

将雨刮电动机拆下来，测试各个挡位运转是否正常、运转速度是否正常，能否停止在规定位置，如果上述测试中有一项没通过，则更换雨刮电动机。

（1）雨刮电动机拆卸（见图6-10）。

① 拆下挡风玻璃刮水器臂罩，拆下前右挡风玻璃刮水器臂。

图6-10　打开仪表板接线盒

拆卸刮水器电动机总成

② 断开连接器，拆下两个螺栓，向车辆乘客侧滑动刮水器连接总成，松开橡皮销，拆下刮水器连接总成，如图6-11所示。

③ 脱开7个卡子并拆下发动机盖至前围上板密封，如图6-12所示。

图6-11　拆卸刮水器臂和刮水片总成

图6-12　拆下发动机盖至前围上板密封

> ⚠ **注意事项**
>
> 　　拆卸时注意密封条上的卡扣不要掉落。

④ 脱开卡子和14个卡爪，并拆下右前围板上通风栅板，用同样的方式拆下左前围板上通风栅板，如图6-13所示。

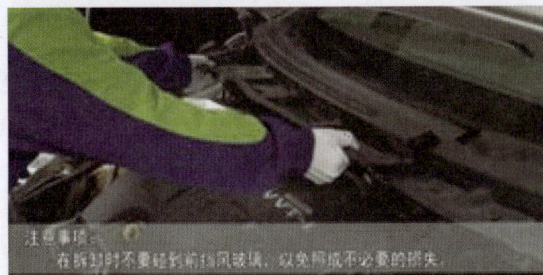

图6-13　拆下左前围前围板上通风栅板

> ⚠ **注意事项**
>
> 　　在拆卸时不要碰到前挡风玻璃，以免造成不必要的损失。

⑤ 松开雨刮电动机线束固定卡夹，断开线束连接器，如图6-14所示。

⑥ 选用10 mm套筒、棘轮扳手，拆下2个螺栓和挡风玻璃雨刮电动机和连杆总成，如图6-15所示。

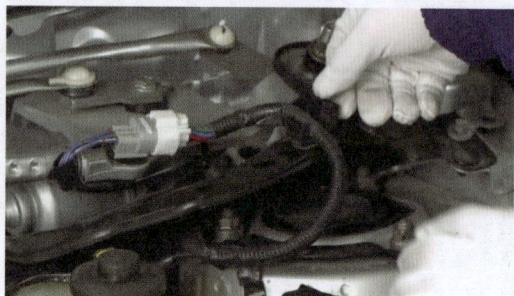

图6-14　断开线束连接器

图6-15　拆下雨刮电动机和连杆总成

（2）雨刮电动机检查。

① 检查刮水器的零件号是否完整、是否完好。找到刮水器电动机的线束端，按后续检测方法对刮水器电动机进行检查，如图6-16所示。

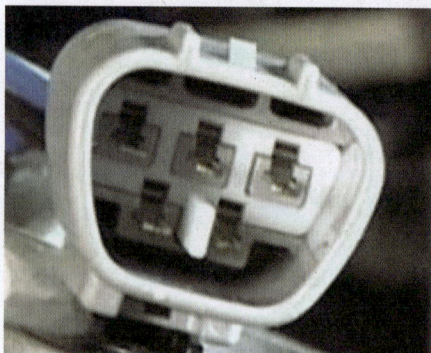

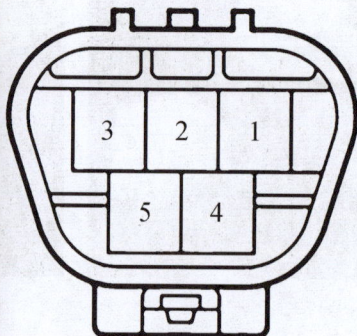

图6-16　检查刮水器电动机

检查刮水器电动机总成

② 检查LO操作如图6-17所示。

将蓄电池正极引线连接至端子5，将蓄电池负极引线连接至端子4，检查并确认电动机低速运行；正常：电动机低速（LO）运行。

③ 检查HI操作如图6-18所示。

将蓄电池正极引线连接至端子3，将蓄电池负极引线连接至端子4，检查并确认电动机高速运行；正常：电动机高速（HI）运行。

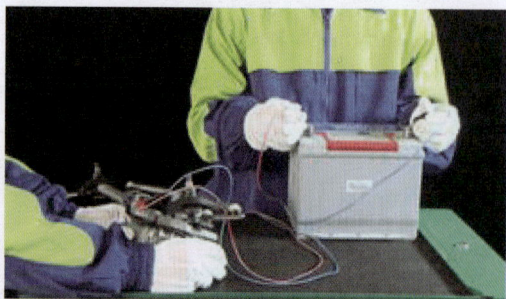

图6-17　检查LO

图6-18　检查HI

④ 检查自动停止运行如图6-19所示。

将蓄电池正极引线连接至端子5，将蓄电池负极引线连接至端子4，电动机低速旋转时，断开端子5，使雨刮电动机停止在除自动停止位置外的任何位置。

用SST专用测试线如图6-20所示，连接端子1和端子5，然后将蓄电池正极引线连接至端子2，将蓄电池负极引线连接至端子4，以使电动机以低速重新起动；检查并确认电动机在自动停止位置自动停止。正常：电动机在自动停止位置自动停止。如图6-20所示。

图6-19　检查自动停止运行

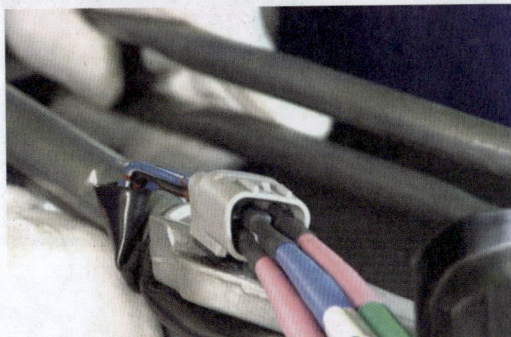

图6-20　SST专用测试线

⚠️ **注意事项**

注意专用测试线的选择和使用。

确认各端子的正确连接。

如果结果不符合规定，则更换电动机总成。

（3）雨刮电动机安装。

① 安装挡风玻璃雨刮电动机和连杆总成。

对准挡风玻璃雨刮电动机和连杆总成安装位置（见图6-21），安装2个固定螺栓；选用10 mm套筒、接杆、扭力扳手，以规定扭矩（5.4 N·m）紧固2个固定螺栓。

② 安装挡风玻璃刮水器电动机线束连接器，如图6-22所示。

插接雨刮电动机线束连接器，卡上固定卡夹。

图6-21　安装电动机和连杆总成

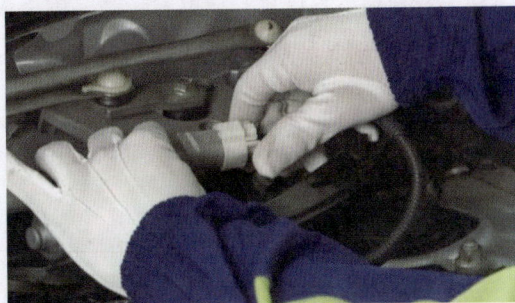

图6-22　安装电动机线束连接器

③ 安装左前、右前围板上通风栅板。

接合卡子和8个卡爪，并安装左前围板上通风栅板，用同样的方法安装右前围板上通风栅板，如图6-23所示。

④ 安装发动机盖至前围上板密封。

接合7个卡子并安装发动机盖至前围上板密封，如图6-24所示。

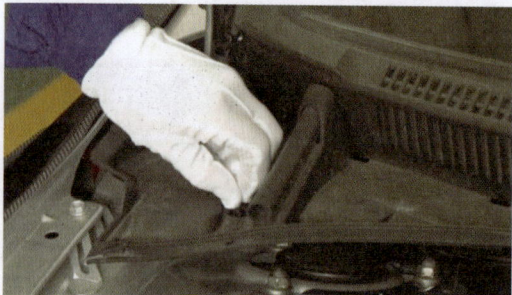

图6-23　安装左前、右前围板上通风栅板

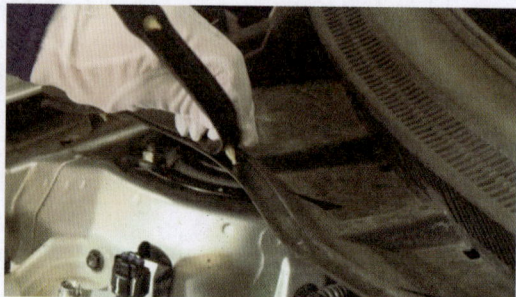

图6-24　安装发动机盖至前围上板密封

⑤ 安装刮水器臂和刮水片总成，如图6-25所示。

对准安装位置安装，选用14 mm套筒、接杆、扭力扳手，以26 N·m的扭矩紧固刮水器臂和刮水片总成固定螺栓。依次安装左前、右前2个刮水器臂端盖。

注意事项：安装刮水器臂时，应把刮水器臂放在正确的安装位置。

图6-25　安装刮水器臂和刮水片总成

安装刮水器臂和
刮水片总成

3. 检查雨刮器开关

经过以上步骤的检查，雨刮器仍然不工作，则可能是雨刮开关有故障，将雨刮开关从转向柱上拆下来进行检测，如果有故障，则更换雨刮开关总成。

（1）雨刮开关总成拆卸，如图6-26所示。

① 前轮对准直行位置。

② 断开蓄电池负极端子电缆，正确使用工具断开蓄电池负极端子电缆。

③ 拆卸转向盘装饰盖。

a. 拆卸转向盘下盖，如图6-27所示。

扶住转向盘3号下盖下侧，用缠有保护胶带的一字螺丝刀沿3号下盖上侧接缝中部撬开卡爪，取下转向盘3号下盖。用相同的方法拆卸转向

拆卸转向盘装饰盖

盘2号下盖。

图6-26　雨刮开关总成拆卸

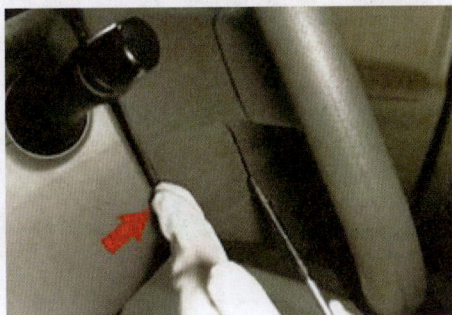

图6-27　拆卸转向盘下盖

> ⚠️ **注意事项**
>
> 　　拆卸时注意密封条上的卡扣不要掉落。

　　b. 松开转向盘装饰盖固定螺钉，如图6-28所示。

　　选用"TORX"T30梅花套筒松开转向盘装饰盖2个"TORX"梅花螺钉，直至螺钉边沿的凹槽与螺钉座齐平。

　　从转向盘总成中拉出转向盘装饰盖，并且用一只手支撑转向盘装饰盖。

　　c. 断开转向盘装饰盖上线束连接器，如图6-29所示。

　　使用头部缠有保护性胶带的螺丝刀，松开安全气囊连接器的锁扣，断开线束连接器。在转向盘装饰盖上断开喇叭连接器，取下转向盘装饰盖。

图6-28　松开转向盘装饰盖固定螺钉

图6-29　断开转向盘装饰盖上线束连接器

　　④ 拆卸转向盘总成，如图6-30所示。

　　握紧转向盘，选用19 mm套筒、接杆、指针式扭力扳手松开转向盘总成固定螺母。在转向盘总成和转向主轴上做装配标记。按照维修手册规定，选用SST（转向盘拆卸专用拉器）拆卸转向盘总成。

图6-30　拆卸转向盘总成

拆卸转向盘总成

⑤ 拆卸带转向角传感器的螺旋电缆。

a．拆卸转向柱罩，如图6-31所示。

用手拉动下转向柱罩的左右两侧，脱开上、下转向柱罩固定卡爪。拆下下转向柱罩和上转向柱罩。

拆卸带转向角传
感器的螺旋电缆

b．断开带转向角传感器的螺旋电缆连接器，如图6-32所示。

按下带转向角传感器的螺旋电缆连接器锁扣，依次分离两个连接器。

c．拆卸带转向角传感器的螺旋电缆，如图6-33所示。

依次脱开螺旋电缆3个固定卡爪，拆下带转向角传感器的螺旋电缆。

图6-31　拆卸转向柱罩

图6-32　分离连接器

图6-33　拆卸带转角传感器的
螺旋电缆

⑥ 拆卸挡风玻璃雨刮开关。

a．断开挡风玻璃雨刮开关连接器，如图6-34所示。

按下挡风玻璃雨刮开关连接器锁扣，依次分离两个连接器。

b．拆卸挡风玻璃雨刮开关。

选用头部缠有胶布的螺丝刀，按下挡风玻璃雨刮开关固定锁扣，分离并拆下挡风玻璃雨刮开关如图6-35所示。

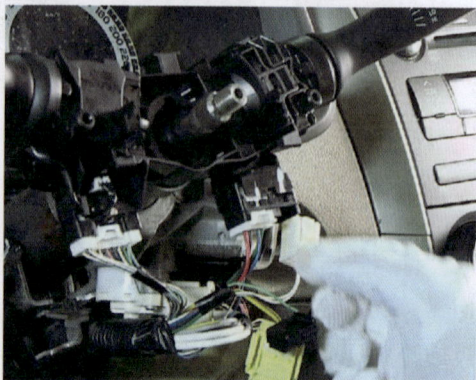

图6-34　断开挡风玻璃雨刮开关连接器

图6-35　拆卸挡风玻璃雨刮开关

拆卸挡风玻璃雨刷开关

（2）雨刮开关检查。

① 选用数字万用表检测雨刮开关如图6-36所示。根据表6-2中的雨刮开关规定状态电阻值测量电阻。

表6-2　雨刮开关规定状态电阻值

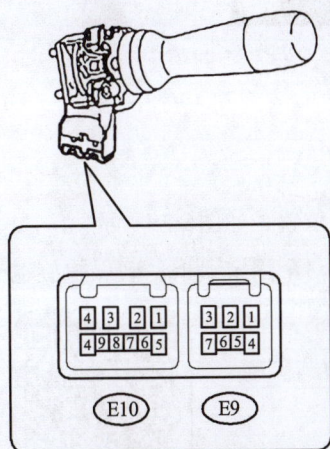

图6-36　雨刮开关

检测仪连接	开关状态	规定状态
E10—1（+S）—E10—3（+1）	INT	
	OFF	
E10—2（+B）—E10—3（+1）	MIST	<1Ω
	LO	
E10—2（+B）—E10—4（+2）	HI	

若测得的阻值与标准不相符，则更换雨刮开关总成。

② 选用数字万用表检测清洗器开关，根据表6-3中的测量电阻。

表6-3

检测仪连接	开关状态	规定状态
E9—2（EW）—E9—3（WF）	ON	<1Ω
	OFF	≥10 kΩ

若测得的阻值与标准不相符，则更换雨刮开关总成。

（3）雨刮开关安装。

① 安装挡风玻璃刮水器开关

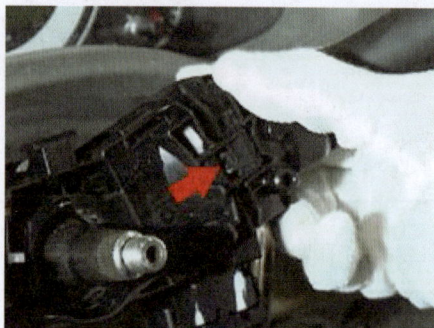

a. 对准组合开关安装位置，安装挡风玻璃刮水器开关，如图6-37所示，并使固定锁扣锁止牢固。

b. 依次插接挡风玻璃刮水器开关两个线束连接器，如图6-38所示，确保连接器锁止可靠。

安装挡风玻璃
刮水器开关

图6-37 安装挡风玻璃刮水器开关

图6-38 插入刮水器两个线束

② 安装带转向角传感器的螺旋电缆

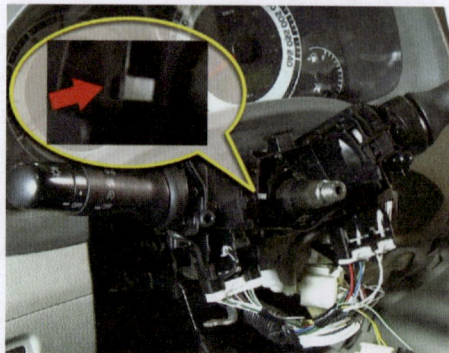

a. 安装带转向角传感器的螺旋电缆。

检查并确认车辆前轮正对前方，将转向信号灯开关置于空挡位置，如图6-39所示。

确认安装位置，安装带转向角传感器的螺旋电缆，依次接合3个固定卡爪，确保螺旋电缆安装牢固。

连接带转向角传感器的螺旋电缆连接器依次插接螺旋电缆的两个线束连接器，确保连接器锁止可靠。

b. 安装转向柱罩，如图6-40所示。

对好上、下转向柱罩的安装位置，安装上、下转向柱罩。

接合上、下转向柱罩的固定卡爪，使上、下转向柱罩完全配合。

安装带转向角传
感器的螺旋电缆

图6-39 检查转向信号灯开关置于空挡位置

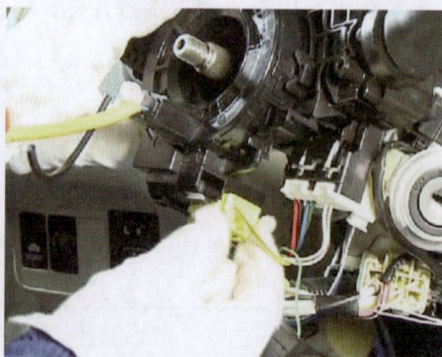

图6-40 安装转向柱罩

③ 安装转向盘总成,如图6-41所示。

调整螺旋电缆至合适位置,对准转向盘总成和转向主轴上的装配标记,将转向盘压入。旋入转向盘固定螺母。选用19 mm套筒、接杆、扭力扳手,以维修手册规定50 N·m的扭矩紧固转向盘固定螺母。

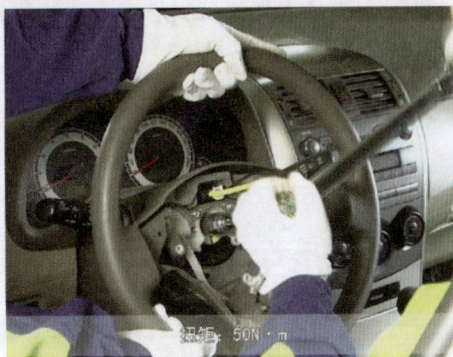

图6-41 安装转向盘总成

安装带转向盘总成

④ 安装转向盘装饰盖。

a．安装转向盘装饰盖。

用一只手支撑转向盘装饰盖,将气囊连接器连接至转向盘装饰盖上,并保证锁扣锁上可靠。将喇叭线束连接器连接到转向盘装饰盖上,保证连接到位,对好转向盘装饰盖安装位置,将转向盘装饰盖安装在转向盘总成上,向下轻压转向盘装饰盖,使用T30梅花套筒对称紧固转向盘装饰盖2个固定螺钉。

安装转向盘装饰盖

b.安装转向盘下盖。

对准卡爪位置,将转向盘3号下盖推入到位。

连接带转向角传感器的螺旋电缆连接器依次插接螺旋电缆的两个线束连接器,确保连接器锁止可靠。

c．安装转向柱罩。

对好上、下转向柱罩安装位置,安装上、下转向柱罩。

接合上、下转向柱罩的固定卡爪,使上、下转向柱罩完全配合。

⑤ 检查转向盘装饰盖及中心点。

a．检查喇叭。

确认点火开关处于OFF位置,连接蓄电池负极电缆,按喇叭开关,确定喇叭可以鸣响。

b．检查转向盘中心点。

再次确认两前轮处于直行时,转向盘处于中心点。

检查转向盘装
饰盖及中心点

4. 检查机械传动部分

机械传动部分主要检查连杆总成是否与雨刮器松脱，如有，应紧固。检查部件连接处是否锈蚀，应及时清理并涂抹润滑脂。

5. 检查控制线路

经过以上步骤的检测与维修之后，如果雨刮还是不工作，则故障点控制线路上，线路故障常见为：连接器接头松动或断开、线头锈蚀、以及导线断路等，如果发现上述情况，应进行紧固或更换。

学习任务二　电动车窗检修

相关知识

一、电动车窗的结构与功能

1. 电动车窗的功能

电动车窗通过拨动开关就可以使车窗玻璃自动升降，提高汽车使用的舒适度，操作简便并有利于行车安全，目前汽车上的电动车窗还具备一些其他功能。电动车窗的组成如图6-42所示。

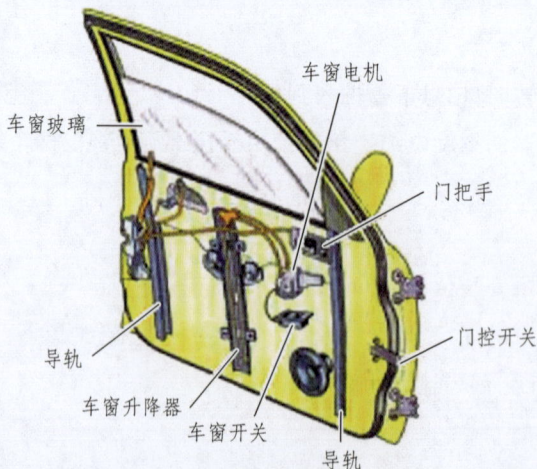

图6-42　电动车窗的组成

（1）一键升降功能。

只需按一下玻璃升降器的控制开关，便可让玻璃上升到最高点或者下降到最低点，而不需要长时间按着控制开关。

（2）防夹功能。

在电动车窗正常上升过程中，由霍尔传感器时刻检测着电机的转速，当玻璃受到阻碍时，电机转速减缓，霍尔传感器检测到转速信号变化并传送给控制单元，ECU发出指令，使电机停转或反转（下降），于是车窗也就停止移动或下降。霍尔传感器还可用于电动车窗的行程位置监测，防止电机过载。

（3）后车门窗设有安全装置。

一些汽车的后车门窗玻璃一般仅能下降至2/3或3/4，不能全部下到底，以防止后座位上的小孩将头、手伸出窗外而发生事故。

二、电动车窗的工作原理

汽车的每个车窗都装有一个电动机，通过直流开关控制电流的方向，电动车窗中的电动机带动齿轮转动，通过升降机使车窗实现上升和下降，电动车窗的工作原理如图6-43所示。

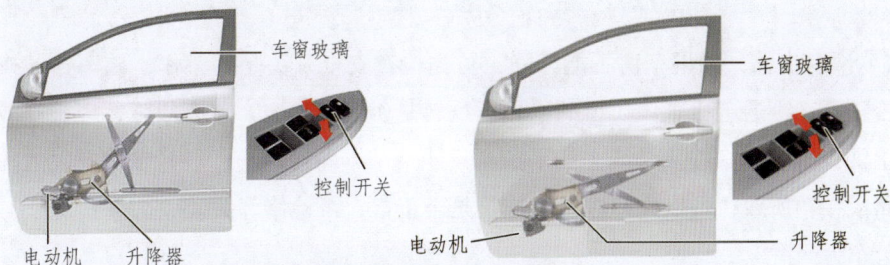

图6-43　电动车窗的工作原理

所有车窗都装有两套控制开关：一套装在驾驶座车门上，为总开关，由驾驶员控制；另一套分别装在每个车门上，由乘客进行控制。每个车窗都通过总开关搭铁，所以电流不但通过每个车窗上的分开关，还通过总开关上的相应开关，电动车窗的电路如6-44所示。

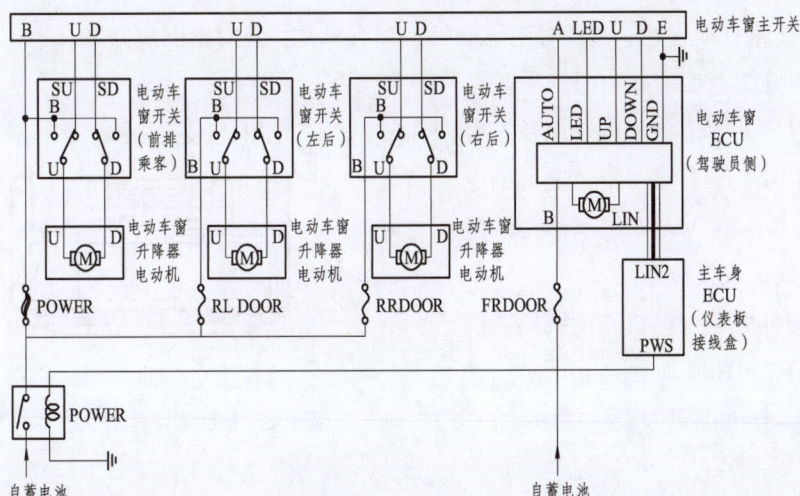

电动车窗电路识读

图6-44　电动车窗的电路

三、电动车窗常见故障检修

电动车窗常见故障有：所有车窗均不能升降、某一车窗不能升降或只能一个方向运动。

1. 所有车窗均不能升降

（1）主要故障原因为熔断器断路，连接导线断路，有关继电器、开关损坏，电动机损坏，搭铁点锈蚀、松动。

（2）诊断步骤，首先检查熔断器是否断路，若熔断器良好，则应将点火开关接通。检查有关继电器和开关火线接线柱上的电压是否正常，电压为零，应检查电源线路，电压正常，则应检查搭铁线是否良好。搭铁不良时，应清洁、紧固搭铁线，若搭铁良好，应对继电器、开关和电动机进行检测。

2. 某一车窗不能升降或只能一个方向运动

（1）主要故障原因，该车窗按键开关损坏，该车窗电机损坏，连接导线断路，安全开关故障。

（2）诊断步骤，如果车窗不能升降，首先检查安全开关是否工作，该车窗的按键开关工作是否正常，再通电检查该车窗的电机正反转是否运转稳定。若有故障，应检修或更换新件，若正常，则应检修连接导线。如果车窗只能一个方向运动，一般是按键开关故障或部分线路断路或接错所致，可以先检查线路连接是否正常，再检修开关。

🚗 **任务实施**

电动车窗的检查

1. 电动车窗电路检修

检测电动车窗电路线路有无松动，连接处有无腐蚀，如有异常，及时紧固或修复。

（1）检查电动车窗开关电源电路（前排乘客侧）。

断开线束连接器H7（见图6-45），选用数字万用表，检查线束连接器中端子3与车身搭铁之间的电压值，标准电压值应为11～14 V，如果所测得的阻值不符合标准，则更换线束或连接器。

（2）检查电动车窗开关至电动机间的线路（前排乘客侧）断开连接器H7和H8，如图6-46所示，选用数字万用表进行测量。标准电阻如表6-4所示。

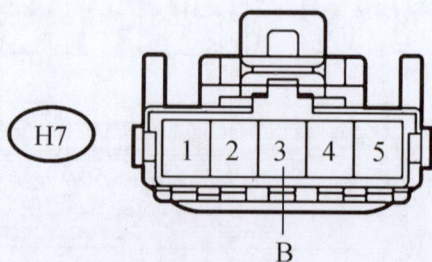

图6-45　线束连接器H7

线束连接器前视图：（至电动车窗开关）

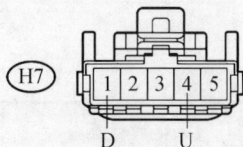

线束连接器前视图：
（至电动车窗升降器电动机）

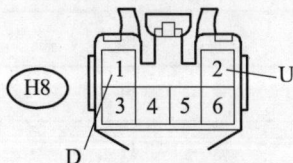

图6-46　线束连接器H8

表6-4　标准电阻

检测仪连接	条件	规定状态
H7—4（U）—H8—2（U）	始终	$<1\,\Omega$
H7—1（D）—H8—1（D）	始终	$<1\,\Omega$
H7—4（U）—车身搭铁	始终	$\geqslant10\,\mathrm{k}\Omega$
H7—1（D）—车身搭铁	始终	$\geqslant10\,\mathrm{k}\Omega$

如果测得的数据与标准不符，则更换线束。

2. 电动车窗开关检修

（1）拆卸电动车窗开关。

① 拆卸前扶手座上板，如图6-47所示。

使用头部缠有保护胶带的螺丝刀，脱开2个卡子和6个卡爪，拆下前扶手座上板。断开连接器。

② 拆卸电动车窗升降器开关总成（前排乘客侧）。

使用头部缠有保护胶带的螺丝刀，脱开2个卡爪并拆下电动车窗升降器开关总成，如图6-48所示。

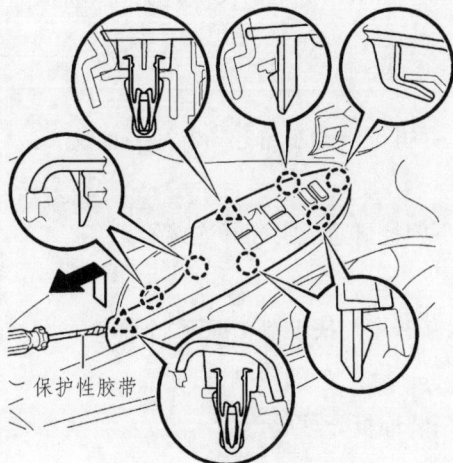

保护性胶带

图6-47　拆卸前扶手座上板

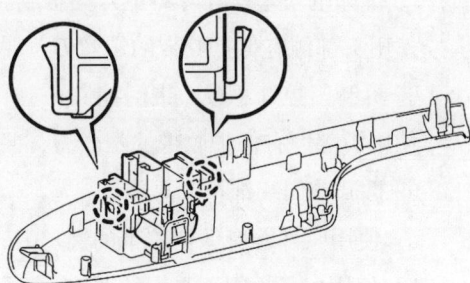

图6-48　拆卸电动车窗升降器开关总成

（2）检查电动车窗开关（前排乘客侧）。

选用数字万用表测量各端子之间的电阻值并记录数据。操作开关时，根据表6-5中的数值测量电阻。如果测得的电阻值不符合标准，则更换电动车窗开关。

表6-5　标准电阻（2）

检测仪连接	开关状态	规定状态
1（D）—2（SD）	UP	<1Ω
3（B）—4（U）		<1Ω
1（D）—2（SD）	OFF	<1Ω
4（U）—5（SU）		<1Ω
4（U）—5（SU）	DOWN	<1Ω
1（D）—3（B）		<1Ω

（3）安装电动车窗开关。

按照拆卸电动车窗开关时的相反操作步骤安装电动车窗开关。

3. 电动车窗电动机检修

（1）拆卸电动机（前排乘客侧）。

① 从蓄电池负极端子断开电缆。

② 拆卸前门内把手框。

使用头部缠有保护胶带的螺丝刀，脱开3个卡爪并拆下前门内把手框。

③ 拆卸前扶手座上板。

使用头部缠有保护胶带的螺丝刀，脱开2个卡子和6个卡爪，拆下前扶手座上板，断开连接器。

④ 拆卸电动车窗升降器主开关总成。

使用头部缠有保护胶带的螺丝刀，脱开2个卡爪，并拆下电动车窗升降器开关总成。

⑤ 拆卸门控灯总成（带门控灯）。

使用头部缠有保护胶带的螺丝刀，脱开卡爪并拆下门控灯总成，断开连接器。

⑥ 拆卸前门装饰板分总成。

a. 使用头部缠有保护胶带的螺丝刀，脱开卡爪并断开车门扶手盖，拆下2个螺钉。

b. 使用卡子拆卸工具，脱开9个卡子。

c. 脱开5个卡爪并从前门玻璃内密封条上分开前门装饰板分总成。

d. 脱开2个卡爪，并断开前门内把手分总成。

⑦ 拆卸前门内把手分总成。

断开前门锁止遥控拉索和前门内侧锁止拉索，并拆下前门内把手分总成。

⑧ 拆卸前门下门框支架装饰条。

脱开卡子和卡夹，并拆下前门下门框支架装饰条，断开连接器。

⑨ 拆卸前2号扬声器总成。

⑩ 拆卸前门玻璃内密封条。

⑪ 拆卸前1号扬声器总成，从前门板上拆下前门玻璃内密封条。

⑫ 拆卸车门装饰板支架，拆下2个螺钉和车门装饰板支架。

⑬ 拆卸前门检修孔盖，断开连接器。

拆下前门检修孔盖。

> ⚠ **注意事项**
>
> 　去除车门上残留的丁基胶带。

⑭ 拆卸带盖的车外后视镜总成。

⑮ 拆卸前门玻璃分总成连接蓄电池负极端子。

a. 连接电动车窗升降器主开关总成，并移动前门玻璃分总成，以便能看到车门玻璃螺栓。

b. 断开蓄电池负极端子和电动车窗升降器主开关总成，拆下2个螺栓。

> ⚠ **注意事项**
>
> 　拆下螺栓后，车门玻璃可能掉落，造成损坏。

c. 拆下前门玻璃分总成。

> ⚠ **注意事项**
>
> 　不要损坏车门玻璃。

⑯ 拆卸前门窗升降器分总成，断开连接器，松开临时螺栓。

> ⚠ **注意事项**
>
> 　不要拆下临时螺栓。如果拆下临时螺栓，前门窗升降器可能掉落，造成损坏。

拆下5个螺栓。

将前门窗升降器分总成和前电动车窗升降器电动机总成作为一个单元拆下，从前门窗升降器分总成上拆下临时螺栓。

⑰ 拆卸前电动车窗升降器电动机总成。

（2）检测电动机（前排乘客侧），如图6-49所示。

根据表6-6电动机齿轮旋转状态，向电动机连接器施加蓄电池电压，观察电动机减速机构输出轴旋转情况。

没有线束连接的零部件：
（电动车窗升降器电动机（乘客侧））

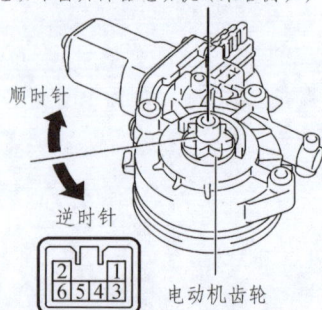

顺时针

逆时针

电动机齿轮

图6-49　检测传感器搭铁电路

表6-6　电动机齿轮旋转状态

测量条件	规定状态
蓄电池（＋）接端子2 蓄电池（－）接端子1	电动机齿轮顺时针旋转
蓄电池（－）接端子1 蓄电池（＋）接端子2	电动机齿轮逆时针旋转

如果异常，需更换电动机。

⚠ **注意事项**

　　不要对除端子1和2外的任何端子施加蓄电池电压。

（3）安装电动机。

① 安装前电动车窗升降器电动机总成螺栓紧固扭矩为5.4 N·m。

⚠ **注意事项**

　　安装电动车窗升降器电动机时，升降器臂须低于中间位置。

　　当自攻螺钉插入时，新的前门窗升降器使用自攻螺钉钻出新的安装孔。

② 安装前门窗升降器分总成

a. 将通用润滑脂涂抹在前门窗升降器分总成的滑动部分上。

b. 将临时螺栓安装到前门窗升降器分总成上。

c. 临时安装前门窗升降器分总成。

d. 紧固临时螺栓和5个螺栓以安装前门窗升降器分总成，螺栓紧固扭矩为8.0 N·m。

e. 连接连接器。

③ 安装前门玻璃分总成。

a. 沿着前门玻璃升降槽将前门玻璃分总成插入前门板内。

b. 用2个螺栓安装前门玻璃分总成，螺栓紧固扭矩为8.0 N·m。

④ 安装带盖的车外后视镜总成。

⚠ **注意事项**

　　牢固安装前门检修孔盖，避免出现褶皱和气泡。

⑤ 安装前门检修孔盖。

a. 将丁基胶带粘贴在前车门板上。

b. 将前门锁止遥控拉索和后门内侧锁止拉索穿过一个新的前门检修孔盖。

c. 使用前门板上的参考点连接前门检修孔盖。

d.连接连接器。

⑥ 安装车门装饰板支架。

⑦ 安装前1号扬声器总成。

⑧ 安装前门玻璃内密封条。

⑨ 安装前2号扬声器总成。

⑩ 安装前门下门框支架装饰条。

a. 连接连接器。

b. 接合卡子和卡夹，并安装前门下门框支架装饰条。

⑪ 安装前门内把手分总成。

a. 将前门锁止遥控拉索和前门内侧锁止拉索连接到前门内把手分总成上。

b. 接合2个卡爪，并安装前门内把手分总成。

⑫ 安装前门装饰板分总成。

a. 用前门玻璃内密封条上的5个卡爪接合前门装饰板。

b. 接合9个卡子，将前门装饰板安装到前门板上。

c. 安装2个螺钉。

d. 接合卡爪，连接车门扶手盖。

⑬ 拆卸门控灯总成（带门控灯）。

a. 连接连接器。

b. 接合卡爪，安装门控灯总成。

⑭ 安装电动车窗升降器主开关总成。

⑮ 安装前扶手座上板。

a. 连接连接器。

b. 接合2个卡子和6个卡爪，安装前扶手座上板。

⑯ 安装前门内把手框。

⑰ 将电缆连接到蓄电池负极端子。

> ⚠ **注意事项**
>
> 　　断开蓄电池电缆后重新连接时，某些系统需要初始化。

学习任务三　中控门锁检修

一、中控门锁的功能

为了使汽车的使用更加方便安全，现代轿车多数都安装了中央门锁控制系统，简称中控门锁。安装中控门锁后可实现以下功能：

（1）将驾驶员车门锁扣按下时，其他几个车门及行李舱门都能自动锁定；若用钥匙锁门，也可同时锁好其他车门和行李舱门。

（2）将驾驶员车门锁扣拉起时，其他几个车门及行李舱扣都能同时打开，用钥匙开门，也可实现该动作。

（3）在车室内个别车门需打开时，可分别拉开各自的锁扣。

二、中控门锁的结构

（1）中央控制门锁系统一般由门锁开关、门锁控制器和门锁执行机构组成，系统零部件位置如图6-50所示。

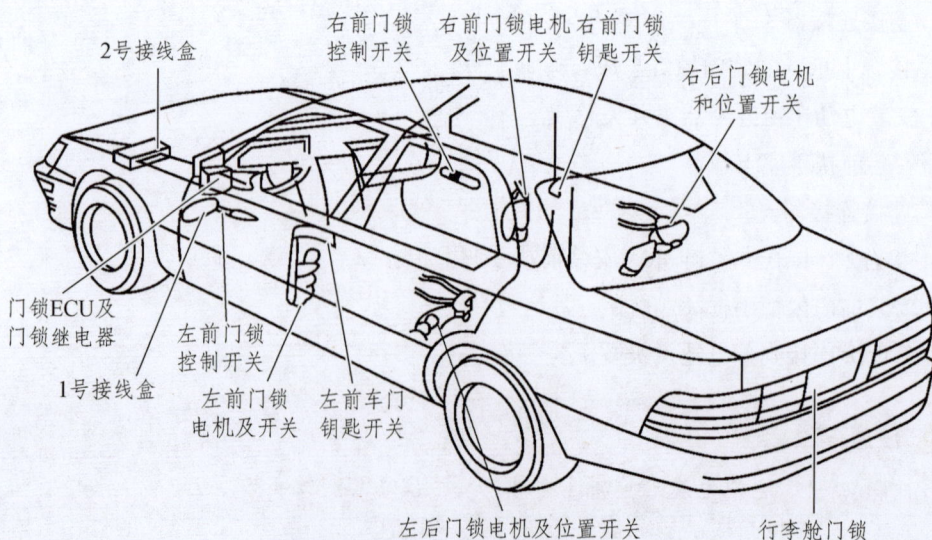

图6-50　中央控制门锁系统的零部件位置

（2）直流电动机式中控门锁的传动机构如图6-51所示，它主要由双向直流电动机、门锁开关、连杆执行机构组成。其基本原理是：利用控制直流电动机的正反向电流的方向，通过电动机正反向运转来完成门锁的开，关动作。

（3）当用钥匙来开门，锁门时，控制器被触发，门锁电动机运转，通过门锁操纵连杆操纵门锁动作，由于在锁或开门时给控制器的触发不同，故门锁电动机通过电流的方向相反，这样利用电动机的正转或反转，就可完成车门的锁定和开锁动作。

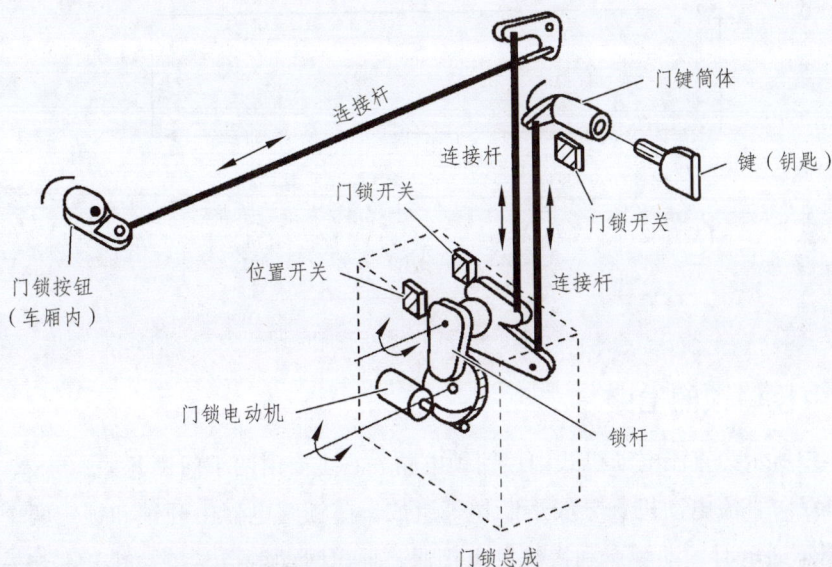

图6-51　直流电动机式中控门锁的传动机构

三、中控门锁的工作原理

驾驶人员或乘客可以通过门锁开关接通或断开门锁继电器，门锁继电器包括锁止和开锁两个继电器。当门锁开关都不闭合时，所有电动机两端都通过继电器直接搭铁，电动机不运转；当门锁开关接通开锁时，开锁继电器线圈通电，继电器吸合，电源电压经闭合的开锁继电器动合触点施加于电动机，电动机电枢另一端经锁定继电器动断触点接地，电动机转动，门锁打开。

当开关断开，回到中间位置时，开锁继电器失去作用。当开关在锁定位置时，电源给锁定继电器供电，继电器工作，其动合触点闭合，电源电压经此触点施加给所有门锁电动机。电动机电枢另一端经开锁继电器动断触点接地，电动机旋转并将车门锁住。门锁电动机的转向是可逆的，其转动方向由流经电枢电流的方向决定，电动机通过两个继电器和电源构成回路而通电运转。不同的继电器工作可以改变电动机中电流的方向，使门锁电动机的转向改变，实现开锁和锁定。中控门锁系统控制原理如图6-52所示。

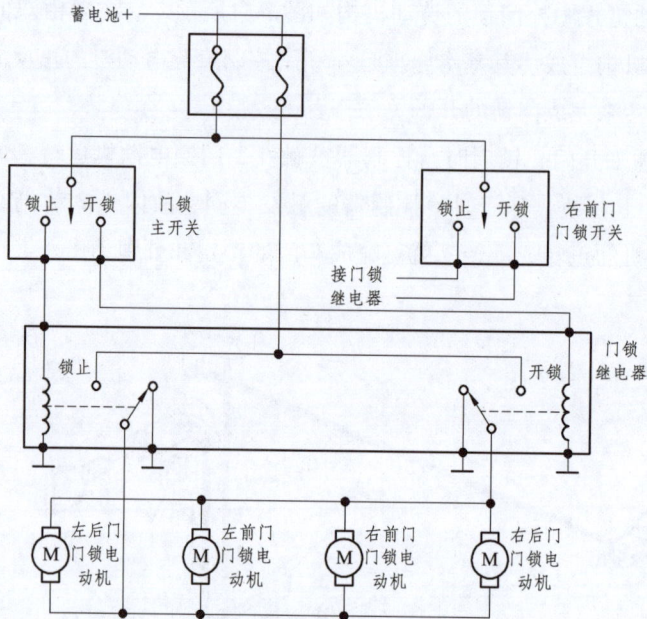

图6-52 中控门锁系统控制原理

四、中控门锁的电路

如图6-53所示为直流电动机式中控门锁电路。它主要由两个门锁开关S_1与S_2、门锁继电器K、五个双向直流电动机、导线熔断器等组成。门锁继电器由开锁和锁定两个继电器组成，其线圈不通电时，动触点和搭铁触点接通，通电时动触点与搭铁断开，与另一触点接通。通过触点位置的改变，来改变电路及电动机中电流的方向，从而改变电动机的旋转方向，完成对车门的锁定和开锁动作。

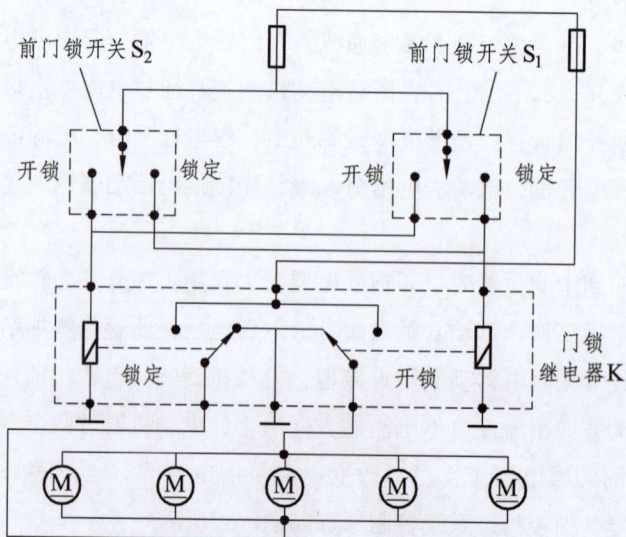

图6-53 直流电动机式中控门锁电路

五、中控门锁常见故障

中控门锁常见故障有：所有门锁均不工作和某个门锁不能工作。

（1）全部门锁都不能工作。

可能的原因：熔断器断路，继电器故障，门控开关触点烧蚀，搭铁点锈蚀或松动和连接线路断路等。

排除故障过程：首先检查熔断器是否良好，将门控开关接通，检查电动机接线极柱上的电压是否正常。若电压为零，应检查继电器和电源线路。如电压正常，则应检查搭铁线是否良好。若搭铁良好，应对开关和电动机进行检测。

（2）某个门锁不能工作。

检查该门锁电动机是否损坏或对应开关、连接电缆线的线路是否正常，再检查开关和电动机。

任务实施

中控门锁的检修

1. 拆卸门板

（1）拆下扶手面板，如图6-54所示。

（2）撬开螺栓装饰盖，如图6-55所示。

（3）拆下玻璃升降开关并断开连接器，如图6-56所示。

（4）选用十字螺丝刀，拆下3颗门板固定螺栓，如图6-57所示。

（5）拆下门板，如图6-58所示。

拆卸门板

图6-54　拆下扶手面板

图6-55　拆下扶手面板

图6-56　撬开螺栓装饰盖

图6-57　拆下门板固定螺栓

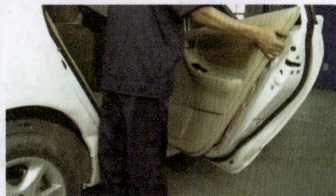

图6-58　拆下门板

2．检查门锁

（1）检查门锁电机。

① 断开门锁连接器，如图6-59所示。

② 将万用表表笔连接线束1号端子，另一支表笔连接车门搭铁。按下"LOCK"键，观察电压升序变化，如图6-60所示。

③ 松开开关，观察电压降序变化，如图6-61所示。根据电压变化判断门锁电机控制电路是否损坏。

检查门锁

图6-59　断开门锁连接器　　　　图6-60　观察万用表升序变化　　　　图6-61　观察万用表降序变化

④ 按下开关"UNLOCK"键，以同样的方法测量另外一个线束端子，如图6-62所示。

⑤ 万用表的红黑表笔分别连接门锁电机的两个端子，如图6-63所示。

⑥ 测量门锁电机的电阻值，检查门锁电机是否损坏，如图6-64所示。

图6-62　测量线束端子　　　　图6-63　连接电机两个端子　　　　图6-64　检查门锁电机

（2）检查门锁机械结构。

① 选用十字螺丝刀锁止门锁锁舌，如图6-65所示。

② 拉起内拉手，观察门锁锁舌是否正常工作。

③ 按下儿童锁，检查内拉手无法开启门锁，如图6-66所示。

图6-65　检查门锁锁舌　　　　图6-66　检查内拉手

④ 松开儿童锁，拉起外拉手。检查外拉手工作是否正常，如图6-67所示。

⑤ 连接门锁电机连接器，确保牢固，如图6-68所示。

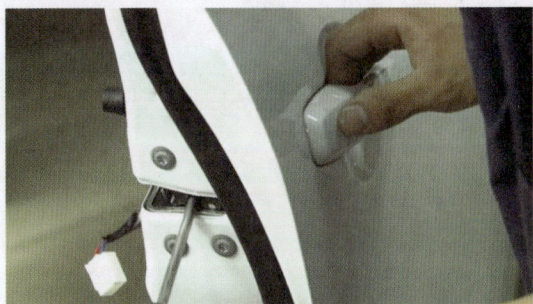

图6-67　检查外拉手

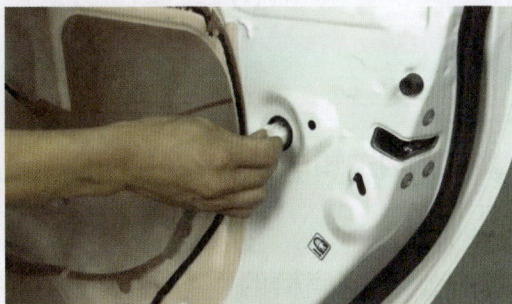

图6-68　连接门锁电机连接器

3. 安装门板

（1）将门板安装到车门上，确保位置正确。

（2）将门板卡扣安装到车门上，并确保安装牢固，如图6-69所示。

图6-69　门板卡扣安装到车门

安装门板

（3）安装3颗门板固定螺栓，并确保紧固，如图6-70所示。

（4）安装螺栓装饰盖，如图6-71所示。

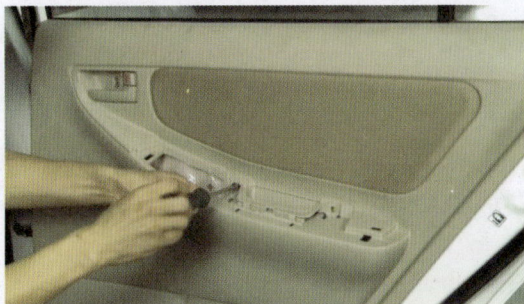

图6-70　安装门板固定螺栓

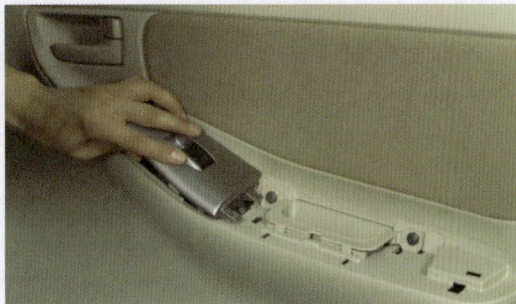

图6-71　安装螺栓装饰盖

学习任务四　电动座椅检修

一、电动座椅的作用

为了提高驾驶员和乘客的舒适性，许多轿车安装了电动座椅，即用电动机操作的座椅。它可以满足驾驶员多种姿势情况下的操作和安全的要求，当然也包括对乘客的舒适性和安全性的要求。

二、电动座椅的工作原理

驾驶员根据需要操纵开关并接通电动座椅的调节电路，即可完成不同的调节功能。电动座椅的组成，如图6-72所示。

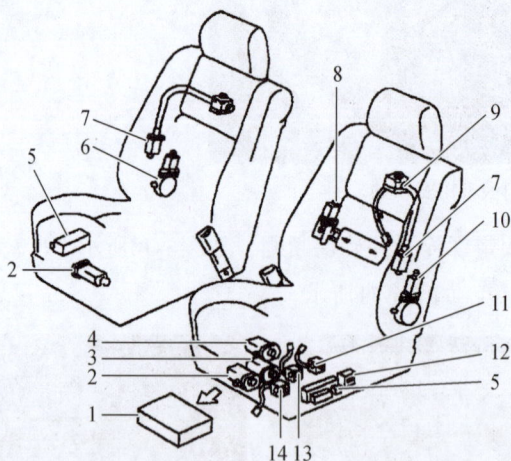

1—电动座椅控制器；2—滑动电动机；3—前垂直电动机；4—后垂直电动机；5—电动座椅开关；6—倾斜电动机；7—头枕电动机；8—腰垫电动机；9—位置传感器（头枕）；10—倾斜电动机和位置传感器；11—位置传感器（后垂直）；12—腰垫开关；13—位置传感器（前垂直）；14—位置传感器（滑动）。

图6-72　电动座椅的组成

1. 靠背的倾斜调节

（1）座椅前倾调节。按下组合控制开关上的相应位置，倾斜开关中的左触点向左结合，如图6-73所示。电路为蓄电池1→熔断丝2→倾斜开关左触点→倾斜电动机9→熔断器→倾斜开关右触点→搭铁→蓄电池负极，构成闭合回路。倾斜电动机通电转动，电动机动力→

传动装置→蜗轮蜗杆减速机构→链轮→终端的内外齿轮，驱动靠背向前倾斜。

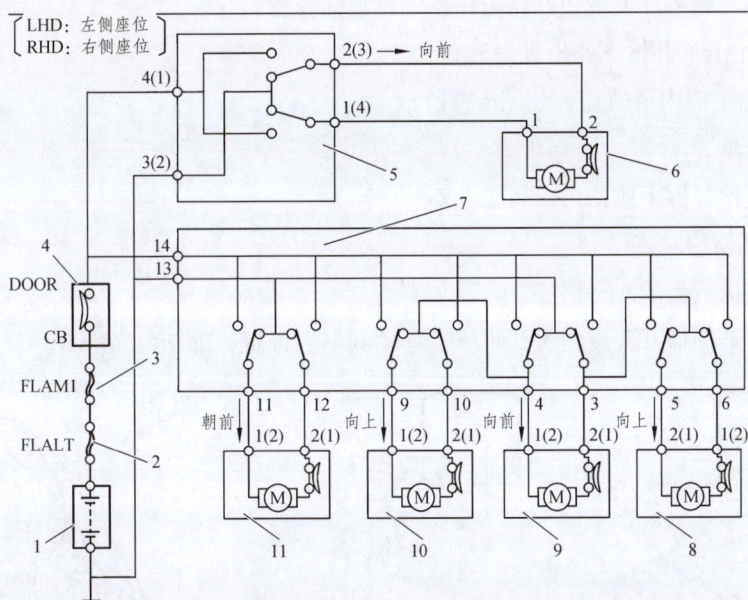

1—蓄电池；2，3—熔断丝；4—开关；5—腰垫电动机开关；6—腰垫电动机；7—电动座椅组合开关；
8—后垂直电动机；9—倾斜电动机；10—前垂直电动机；11—滑动电动机。

图6-73　电动座椅工作原理

（2）座椅后倾调节。如果需要靠背向后倾斜，只需要将开关向与原来相反的方向扳动，其电流就会与原来的方向相反，由于电动机是双向永磁性电动机，所以电流相反时，电动机的旋转方向也相反，则靠背就会向与原来相反的方向倾斜。

2. 电动座椅的前后滑动调节

所谓座椅的前后滑动调节，是指座椅前后移动。

（1）座椅向前滑动。按下组合控制开关上的相应位置，滑动开关中的左触点向左结合。电路为：蓄电池正极→熔断丝2→滑动开关左触点→滑动电动机11→熔断器→滑动开关的右触点→搭铁→蓄电池的负极。滑动电动机通电工作，座椅水平向前滑动。

（2）座椅向后滑动。若需要座椅向后滑动，滑动开关右触点向右闭合，此时流过电动机11的电流方向与上述相反，电机反转，座椅后移。

任务实施

电动座椅的检修

1. 检查座椅开关

（1）拆卸前排座椅头枕总成。

（2）拆卸座椅外滑轨盖，如图6-74所示。

① 操作电动座椅开关旋钮并将座椅移动到最前位置。

② 脱开2个卡爪并拆下座椅外滑轨盖。

（3）拆卸座椅内滑轨盖，如图6-75所示。

① 脱开卡爪。

② 脱开导销并拆下座椅内滑轨盖。

（4）拆卸座椅总成。

① 拆下座椅后侧的2个螺栓。

② 操作电动座椅开关旋钮关并将座椅移动到最后位置，如图6-76所示。

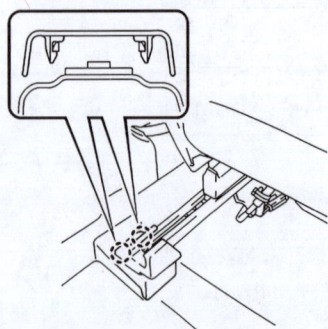

图6-74 拆卸座椅外滑轨盖　　　　图6-75 拆卸座椅内滑轨盖　　　　图6-76 拆卸座椅前侧螺栓

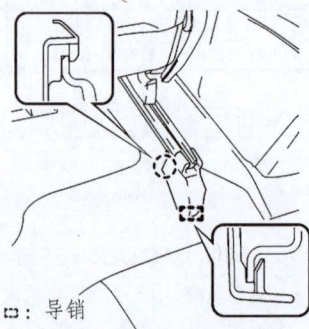

③ 拆下座椅前侧的2个螺栓，如图6-77所示。

④ 操作电动座椅开关旋钮并将座椅移动到中间位置。同时，操作电动座椅开关旋钮并将座椅靠背移动到直立位置。

⑤ 将电缆从蓄电池负极端子上拆掉。

⑥ 断开座椅下面的连接器。

⑦ 拆下座椅。

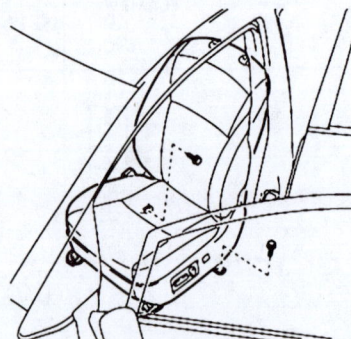

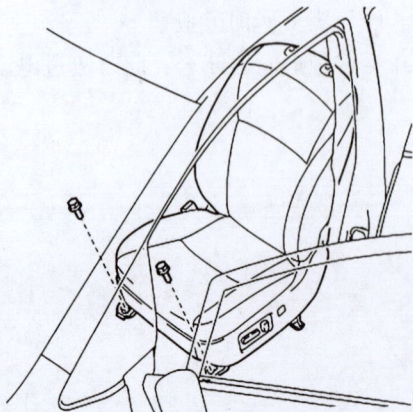

图6-77 拆卸座椅前侧螺栓

⚠ **注意事项**

断开电缆后等待90 s，以防止气囊展开。

断开蓄电池电缆后重新连接时，某些系统需要初始化。

小心不要损坏车身。

（5）拆卸电动座椅靠背倾角调节开关旋钮：使用缠有保护性胶带的螺丝刀，脱开2个卡爪并拆下电动座椅靠背倾角调节开关旋钮，如图6-78所示。

（6）拆卸电动座椅滑动和高度调节开关旋钮：使用缠有保护性胶带的螺丝刀，脱开4个卡爪并拆下电动座椅滑动和高度调节开关，如图6-79所示。

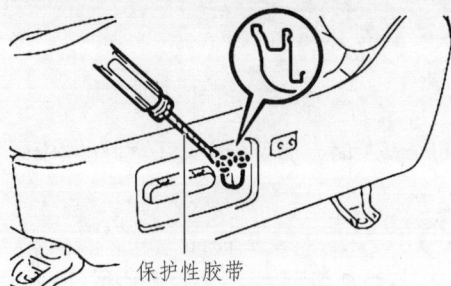

图6-78　拆卸电动座椅靠背倾角调节开关旋钮

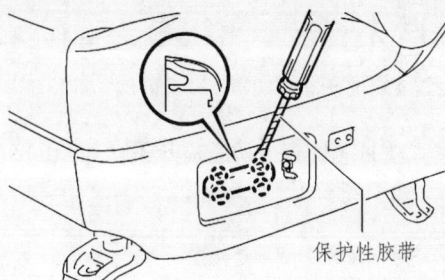

图6-79　拆卸电动座椅滑动和高度调节开关旋钮

（7）拆卸前排座椅座垫护板总成。

① 拆下挂钩，如图6-80所示。

② 拆下5个螺钉，如图6-81所示。

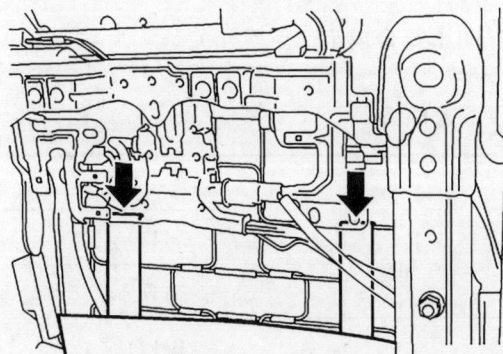

图6-80　拆下挂钩

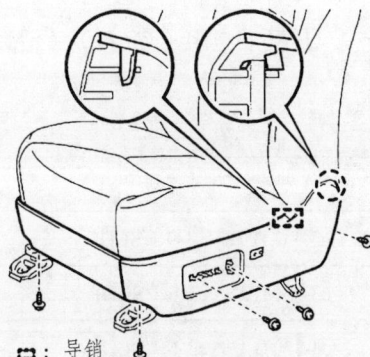

■□：导销

图6-81　拆下螺钉

③ 脱开卡爪和导销，并拆下座椅座垫护板总成；

④ 从电动座椅腰部开关上断开连接器。

（8）拆卸前排座椅座垫1号内护板。

① 拆下螺钉。

② 脱开2个卡爪并拆下前排座椅1号座垫内护板，如图6-82所示。

（9）拆卸前排电动座椅腰部开关：拆下2个螺钉和前排电动座椅腰部开关，如图6-83所示。

（10）拆卸电动座椅开关。

① 拆下3个螺钉，如图6-84所示。

② 断开连接器并拆下电动座椅开关。

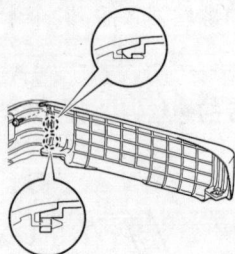

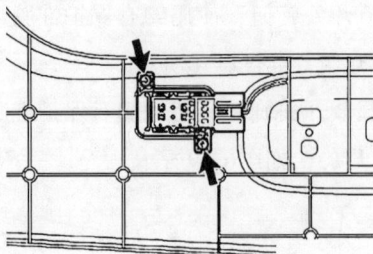

图6-82 脱开前排座椅　　图6-83 拆卸前排电动座椅腰部开关　　图6-84 拆卸电动座椅开关

（11）检查电动座椅开关；如图6-85所示，当操作每个开关时，测量指定端子之间的电阻。

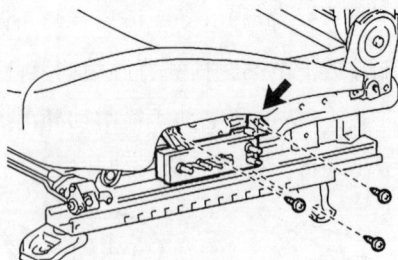

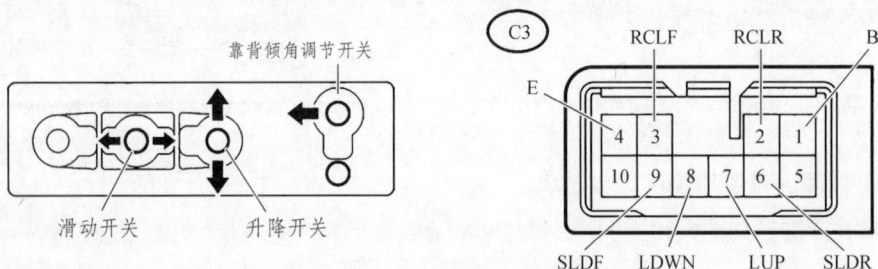

图6-85 检查电动座椅开关

① 标准电阻（表6-7）（滑动开关），如果结果不符合规定，更换开关。

表6-7 滑动开关标准电阻

检测仪连接	开关状态	规定状态
c3-1（B）—c3-9（SLDF）	前	<1Ω
c3-4（E）—c3-6（SLDR）	前	<1Ω
c3-1（B）—c3-6（SLDR）	前	≥10kΩ
c3-4（E）—c3-9（SLDF）	前	≥10kΩ
c3-4（E）—c3-6（SLDR）	OFF	<1Ω
c3-4（E）—c3-9（SLDF）	OFF	<1Ω
c3-4（E）—c3-9（SLDF）	OFF	≥10kΩ
c3-1（B）—c3-9（SLDF）	OFF	≥10kΩ
c3-1（B）—c3-6（SLDR）	后	<1Ω
c3-4（E）—c3-9（SLDF）	后	<1Ω
c3-1（B）—c3-9（SLDF）	后	≥10kΩ
c3-4（E）—c3-6（SLDR）	后	≥10kΩ

② 标准电阻（表6-8）（升降开关），如果结果不符合规定，更换开关；

表6-8　升降开关标准电阻

检测仪连接	开关状态	规定状态
c3-1（B）—c3-7（LUP）	开	$<1\Omega$
c3-4（E）—c3-8（LDWN）	开	$<1\Omega$
c3-1（B）—c3-8（LDWN）	开	$\geqslant 10\,k\Omega$
c3-4（E）—c3-7（LUP）	开	$\geqslant 10\,k\Omega$
c3-4（E）—c3-7（LUP）	OFF	$<1\Omega$
c3-4（E）—c3-8（LDWN）	OFF	$<1\Omega$
c3-1（B）—c3-7（LUP）	OFF	$\geqslant 10\,k\Omega$
c3-1（B）—c3-8（LDWN）	OFF	$\geqslant 10\,k\Omega$
c3-1（B）—c3-8（LDWN）	关	$<1\Omega$
c3-4（E）—c3-7（LUP）	关	$<1\Omega$
c3-1（B）—c3-7（LUP）	关	$\geqslant 10\,k\Omega$
c3-4（E）—c3-8（LDWN）	关	$\geqslant 10\,k\Omega$

③ 标准电阻（表6-9）（靠背倾角调节开关），如果结果不符合规定，更换开关。

表6-9　靠背倾角调节开关标准电阻

检测仪连接	开关状态	规定状态
c3-1（B）—c3-3（RCLF）	开	$<1\Omega$
c3-4（E）—c3-2（RCLR）	开	$<1\Omega$
c3-1（B）—c3-2（RCLR）	开	$\geqslant 10\,k\Omega$
c3-4（E）—c3-3（RCLF）	开	$\geqslant 10\,k\Omega$
c3-4（E）—c3-2（RCLR）	OFF	$<1\Omega$
c3-4（E）—c3-3（RCLF）	OFF	$<1\Omega$
c3-1（B）—c3-3（RCLF）	OFF	$\geqslant 10\,k\Omega$
c3-1（B）—c3-2（RCLR）	OFF	$\geqslant 10\,k\Omega$

续表

检测仪连接	开关状态	规定状态
c3-1（B）—c3-2（RCLR）	关	$<1\Omega$
c3-4（E）—c3-3（RCLF）	关	$<1\Omega$
c3-1（B）—c3-3（RCLF）	关	$\geq 10\,k\Omega$
c3-4（E）—c3-2（RCLR）	关	$\geq 10\,k\Omega$

2. 电动机的检查与拆卸

（1）拆卸前排座椅座垫内护板。

① 拆下螺钉。

② 脱开卡爪和导销。

③ 脱开导销并拆下前排座椅座垫内护板。

（2）拆卸带软垫的前排座椅座垫护面：拆下挂钩和带软垫的前排座椅座垫护面，如图6-86所示。

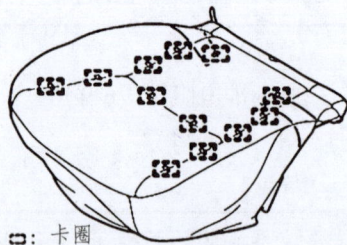

（3）拆卸分离式前排座椅座垫护面：拆下12个卡圈和分离式前排座椅座垫护面，如图6-87所示。

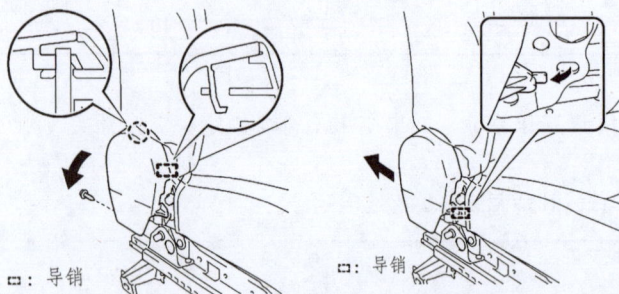

⊏：导销　　　　　　⊏：导销　　　　　　⊏：卡圈

图6-86　拆下挂钩和带软垫的前排座椅座垫护面　　　图6-87　拆卸分离式前排座椅坐垫护面

（4）拆卸带软垫的前排座椅靠背护面。

① 拆下3个卡圈。

② 脱开卡夹。

③ 断开连接器，如图6-88所示。

④ 拆下5个卡圈，如图6-89所示。

⑤ 翻开分离式前排座椅靠背护面，以便拆下螺母，并脱开分离式前排座椅靠背护面支架，如图6-90所示。

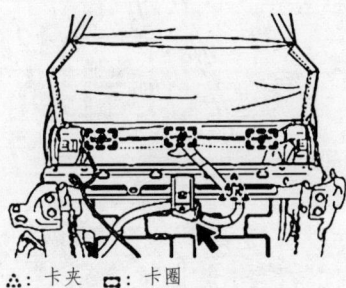

△: 卡夹 ▢: 卡圈

图6-88 断开连接器

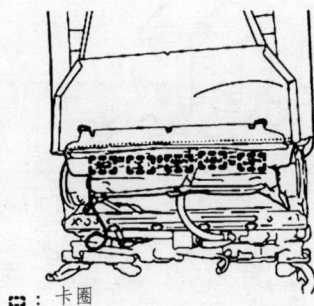

▢: 卡圈

图6-89 拆卸5个卡圈

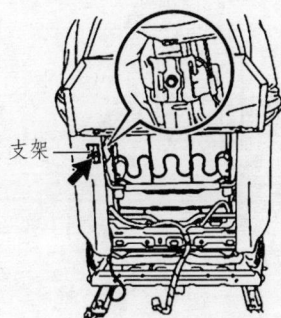

支架——

图6-90 脱开分离式前排座椅靠背

⑥ 脱开4个卡爪并拆下2个前排座椅头枕支架，如图6-91所示。

⑦ 将带软垫的分离式前排座椅靠背护面从带调节器的前排座椅骨架总成上拆下。

（5）拆卸分离式前排座椅靠背护面：拆下6个

卡圈和分离式前排座椅靠背护面，如图6-92所示。

（6）拆卸腰部支撑调节器总成。

① 断开连接器，如图6-93所示。

② 拆下2个螺钉和腰部支撑调节器总成。

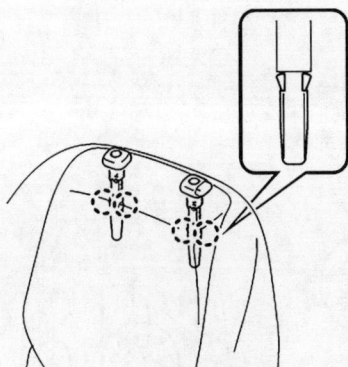

图6-91 脱开卡爪并拆下

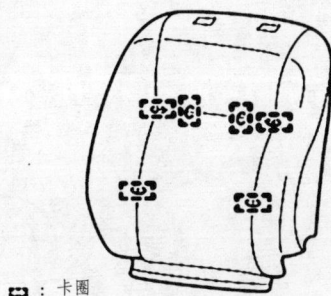

▢: 卡圈

图6-92 拆卸分离式前排
座椅靠背护面

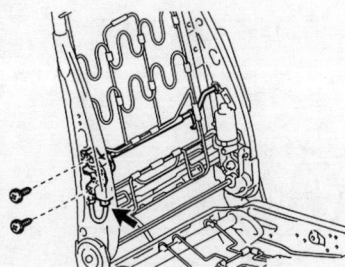

图6-93 拆下调节器总成

（7）拆卸左侧座椅靠背倾角调节器内盖。

① 拆下螺钉，如图6-94所示。

② 脱开导销，并拆下左侧座椅靠

背倾角调节器内盖，如图6-95所示。

（8）拆卸右侧座椅靠背倾角调节器内盖。

① 拆下螺钉。

② 脱开导销，并拆下右侧座椅靠背倾角调节器内盖，如图6-96所示。

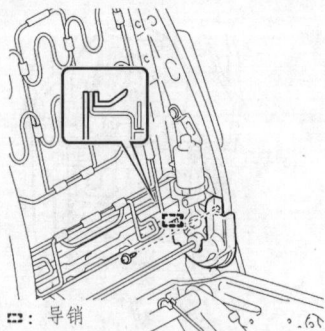

ⅢⅠ：导销

图6-94　拆下螺钉

ⅢⅠ：导销

图6-95　脱开导销

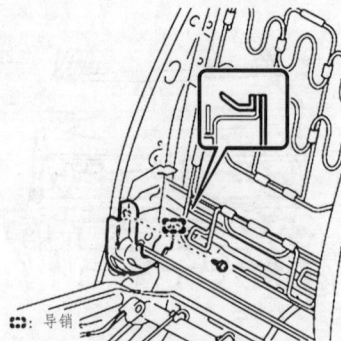

ⅢⅠ：导销

图6-96　拆下右侧座椅靠背倾角
调节器内盖

（9）拆卸前排左侧座椅座垫下护板。

① 拆下螺钉。

② 脱开4个卡爪，并拆下前排左侧座椅座垫下护板，如图6-97所示。

（10）拆卸前排右侧座椅座垫下护板。

① 拆下螺钉。

② 脱开4个卡爪，并拆下前排右侧座椅座垫下护板。

（11）拆卸1号前排座椅线束：脱开6个卡夹，断开3个连接器并拆下1号前排座椅线束，如图6-98所示。

（12）拆卸2号前排座椅线束。

① 脱开3个卡夹。

② 断开连接器并拆下2号前排座椅线束，如图6-99所示。

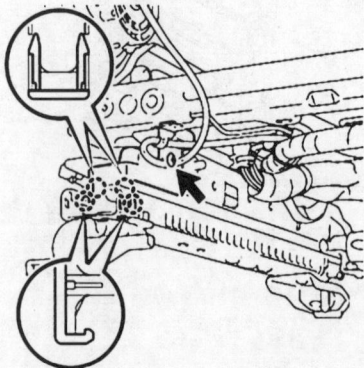

图6-97　脱开4个卡爪

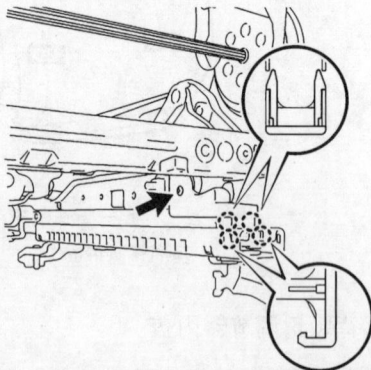

图6-98　拆卸1号前排座椅线束

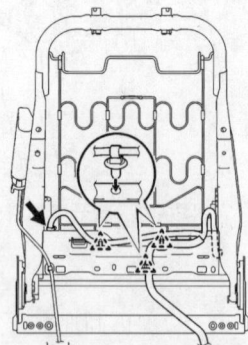

△：卡夹

图6-99　拆卸前排座椅线束

（13）检查座椅滑动调节电动机。

将蓄电池连接至滑动调节电动机连接器端子（见图6-100），检查座椅骨架是否能平顺移动。如果结果不符合表6-10规定，更换前排座椅总成。

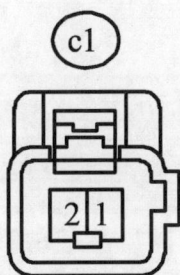

图6-100 滑动电动机连接器端子

表6-10 连接滑动调节电动机连接器端子时座椅移动情况

测量条件	运转方向
蓄电池正极（＋）—c1-1蓄电池负极（－）—c1-2	前
蓄电池正极（＋）—c1-2蓄电池负极（－）—c1-1	后

（14）检查座椅升降器电动机。

检查在将蓄电池连接至升降器电动机连接器端子时，如图6-101所示，座椅骨架是否平顺移动。如果结果不符合表6-11规定，更换前排座椅总成。

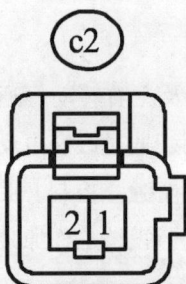

图6-101 升降电动机连接器端子

表6-11 连接升降器电动机连接器端子时座椅移动情况

测量条件	运转方向
蓄电池正极（＋）—c2-2蓄电池负极（－）—c2-1	向上
蓄电池正极（＋）—c2-1蓄电池负极（－）—c2-2	向下

（15）检查座椅靠背倾角调节电动机。

将蓄电池连接至靠背倾角调节电动机连接器端子，如图6-102所示，检查座椅骨架是否能平顺移动。如果结果不符合表6-12规定，更换前排座椅总成。

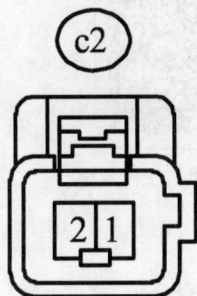

图6-102 检查连接器端子

表6-12 连接升降器电动机连接器端子时座椅移动情况

测量条件	运转方向
蓄电池正极（＋）—d1-2蓄电池负极（－）—d1-1	前
蓄电池正极（＋）—d1-1蓄电池负极（－）—d1-2	后

（16）重新安装座椅：按照与拆卸相反的顺序安装座椅部件。

学习任务五　电动后视镜检修

相关知识

一、电动后视镜的作用

为了便于驾驶员调整后视镜的角度，许多轿车安装了电动后视镜（又称自动后视镜），驾驶员坐在座椅上通过电动机就可以方便快捷地对左右后视镜的后视角度进行调节。

二、电动后视镜的原理

电动后视镜的背后装有两套电动机和驱动器，可操纵反射镜上下及左右转动。通常上下方向的转动用一个电动机控制，左右方向的转动用另一个电动机控制。通过改变电动机的电流方向，即可完成后视镜的上下及左右调整。每个电动后视镜都有一个独立控制开关，开关杆可多方向移动，可使一个电动机工作或两个电动机同时工作。电动后视镜工作原理如图6-103所示。

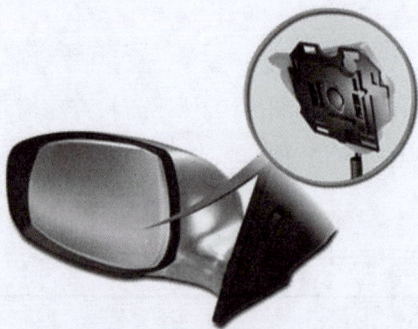

图6-103　电动后视镜工作原理

电动后视镜的工作原理

三、电动后视镜的故障检修

电动后视镜常见的故障有：电动后视镜都不工作、电动后视镜部分功能不正常。

1. 电动后视镜都不工作

（1）故障原因。

一般是熔丝熔断、电源线路或搭铁线路断路引起的，也可能是控制开关有故障。

（2）维修思路。

① 先检查熔丝是否正常。

② 然后检查控制开关线头有无脱落、松动，电源线路或搭铁线路是否正常。

③ 最后检查控制开关各接点通断情况。

2. 电动后视镜部分功能不正常

（1）故障原因。

线路断路，也可能是控制开关或电动机有故障。

（2）维修思路。

① 先检查线路的连接情况。

② 再检查开关。

③ 最后检查电动机。

实施方案

一、电动后视镜的拆卸

1. 检查线束和连接器

检查车外后视镜电路是否搭铁不良，线路是否连接松动，插接器连接是否松动，如有异常，应修复或紧固。

2. 车外后视镜和开关检修

（1）拆卸车外后视镜。

使用正确工具断开蓄电池负极电。

（2）拆卸前门内把手框。

使用头部缠有保护胶带的螺丝刀，脱开3个卡爪并拆下前门内把手框，如图6-104所示。

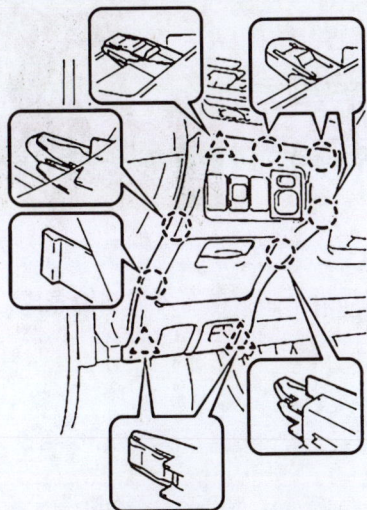

图6-104　拆下内把手框

拆卸车外后视镜总成

（3）拆卸前扶手座上板，如图6-105所示。

① 使用头部缠有保护胶带的螺丝刀，脱开2个卡子和6个卡爪，拆下前扶手座上板。

② 断开连接器。

（4）拆卸门控灯总成，如图6-106所示。

① 使用头部缠有保护胶带的螺丝刀，脱开卡爪并拆下门控灯总成。

② 断开连接器。

图6-105　前扶手座上板

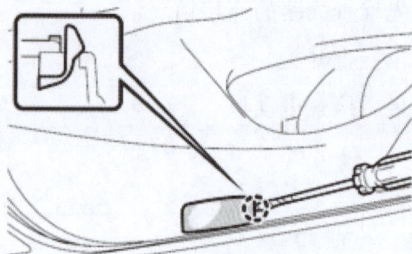

图6-106　拆下门控灯

（5）拆卸前门装饰板分总成，如图6-107所示。

① 使用头部缠有保护胶带的螺丝刀，脱开卡爪并断开车门扶手盖。

② 拆下2个螺钉。

③ 使用卡子拆卸工具，脱开9个卡子。

④ 脱开5个卡爪并从前门玻璃内密封条上分开前门装饰板分总成。

⑤ 脱开2个卡爪，并断开前门内把手分总成。

（6）拆卸前门下门框支架装饰条。

① 脱开卡子和卡夹，并拆下前门下门框支架装饰条。

② 断开连接器，如图6-108所示。

图6-107　拆卸内饰板

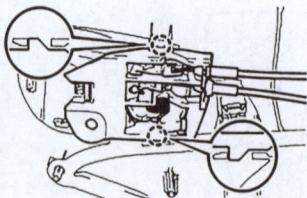

图6-108　断开连接器

（7）断开线束连接器，拆下3个固定螺栓，然后拆下带盖的车外后视镜总成，如图6-109所示。

3. 检查车外后视镜

（1）检查右侧车外后视镜总成。

① 断开后视镜连接器，如图6-110所示。

② 施加蓄电池电压并检查后视镜的工作情况。正确的检查结果参考表6-11，如果结果不

符合规定，更换左侧车外后视镜总成。

图6-109　拆下后视镜总成

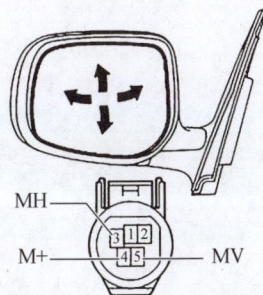

图6-110　后视镜连接器

表6-13　连接后视镜连接器端子时后视镜动作情况

测量条件	规定状态
蓄电池正极（＋）—端子5（MV） 蓄电池负极（—）—端子4（M+）	上翻
蓄电池正极（＋）—端子4（M+） 蓄电池负极（—）—端子5（MV）	下翻
蓄电池正极（＋）—端子3（MH） 蓄电池负极（—）—端子4（M+）	左转
蓄电池正极（＋）—端子4（M+） 蓄电池负极（—）—端子3（MH）	左转

③带后视镜加热器，如图6-111所示。

根据表6-14中的值测量电阻，将蓄电池正极（＋）端子连接至端子1，并将蓄电池负极（—）端子连接至端子2，然后检查并确认后视镜变暖。如果结果不符合规定，更换车外后视镜。

正常：短时间内后视镜变暖。

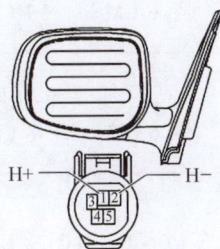

图6-111　后视镜加热器

表6-14

检测仪连接	条件	规定状态
1（H＋）—2（H—）	25° C（77° F）	7.6～11.4Ω

（2）检查后视镜开关和连接器，如图6-112所示。

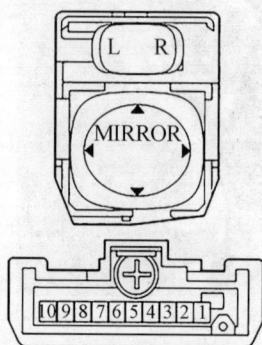
图6-112　后视镜开关和连接器

① 左、右调整开关的L位置：根据表6-15中的值测量电阻。如果结果不符合规定，更换开关总成。

表6-15　标准电阻（左侧）

检测仪连接	开关条件	规定状态
4（VL）—8（B） 6（M+）—7（E）	UP	<1Ω
	OFF	≥10 kΩ
4（VL）—7（E） 6（M+）—8（B）	DOWN	<1Ω
	OFF	≥10 kΩ
5（HL）—8（B） 6（M+）—7（E）	LEFT	<1Ω
	OFF	≥10 kΩ
5（HL）—7（E） 6（M+）—8（B）	RIGHT	<1Ω
	OFF	≥10 kΩ

② 左、右调整开关的R位置：根据表6-16中的值测量电阻。如果结果不符合规定，更换开关总成。

表6-16　标准电阻（右侧）

检测仪连接	开关条件	规定状态
3（VR）—8（B） 6（M+）—7（E）	UP	<1Ω
	OFF	≥10 kΩ

续表

检测仪连接	开关条件	规定状态
3（VR）—7（E） 6（M+）—8（B）	DOWN	<1Ω
	OFF	≥10 kΩ
2（HR）—8（B） 6（M+）—7（E）	LEFT	<1Ω
	OFF	≥10 kΩ
2（HR）—7（E） 6（M+）—8（B）	RIGHT	<1Ω
	OFF	≥10 kΩ

二、电动后视镜的安装

1. 安装前门下门框支架装饰条

（1）连接连接器。

（2）接合卡子和卡夹，并安装前门下门框支架装饰条，如图6-113所示。

2. 安装前门装饰板分总成

（1）用前门玻璃内密封条上的5个卡爪接合前门装饰板。

（2）接合9个卡子，将前门装饰板安装到前门板上，如图6-114所示。

（3）安装2个螺钉。

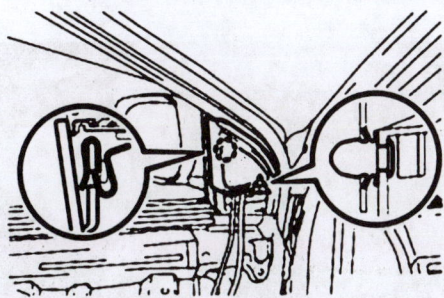

图6-113　安装支架饰条

图6-114　安装装饰板

3. 安装门控灯总成（带门控灯）

（1）连接连接器。

（2）接合卡爪，安装门控灯总成，如图6-115所示。

4. 安装前扶手座上板

（1）连接连接器。

（2）接合2个卡子和6个卡爪，安装前扶手座上板，如图6-116所示。

5. 安装前门内把手框

接合3个卡爪，安装前门内把手框，如图6-117所示。

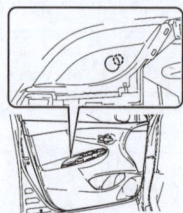

图6-115　安装门控灯	图6-116　安装扶手座上板	图6-117　安装内把手框

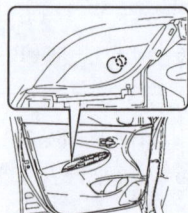

6. 安装蓄电池负极电缆

使用正确工具将电缆连接到蓄电池负极端子。

学习任务六　安全气囊检修

相关知识

一、汽车安全气囊的作用

安全气囊系统（Supplemental Restraint System，简称SRS）是为了减少汽车发生碰撞时由于巨大惯性力所造成的对驾驶员和乘客的伤害而装设的一种被动安全系统。当汽车遭受碰撞导致减速度急剧变化时，气囊能够迅速膨胀，在驾驶员和乘客与车内构件之间迅速铺垫一个气垫，利用气囊排气节流的阻尼作用来吸收人体惯性力产生的动能，从而减轻人体受伤害的程度，如图6-118所示。

图6-118　汽车安全气囊

二、汽车安全气囊的组成

安全气囊系统主要由气囊传感器、电子控制装置（ECU）、SRS警告信号灯和气囊总成四部分组成，如图6-119所示。

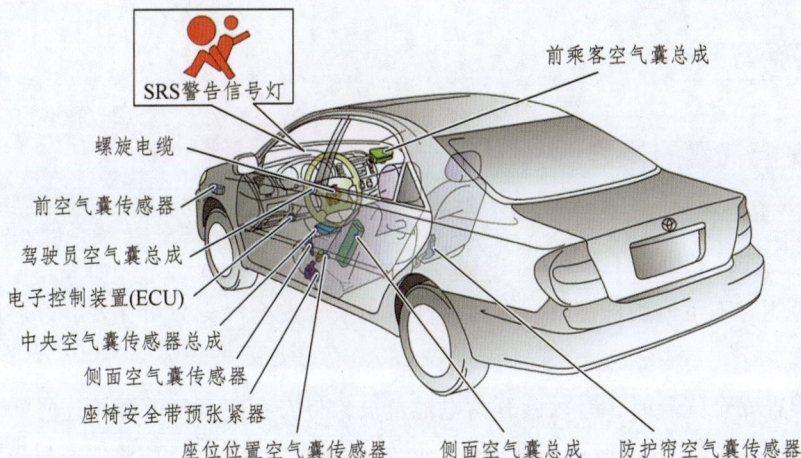

图6-119　汽车安全气囊系统组成

三、汽车安全气囊的工作原理

碰撞传感器是安全气囊系统中主要的控制信号输入装置，作用是在汽车发生碰撞时，由碰撞传感器检测汽车碰撞的强度信号，并将该信号输入安全气囊计算机。安全气囊计算机根据碰撞传感器传送过来的信号，判断是否引爆充气元件以使气囊充气，如图6-120所示。

当碰撞强度达到设值时，碰撞传感器向SRS·ECU输入碰撞信号，SRS·ECU经内部程序数字计算和逻辑判断后，向点火安全气囊总成内的电热点火器发出点火指令。点火剂受热爆炸，瞬间产生大量的热量使充气剂受热分解释放大量氮气充入气囊，气囊便冲开气囊总成装饰盖板鼓向驾驶员，使驾驶员头部和胸部压在充满气体的气囊上，如图6-121所示。

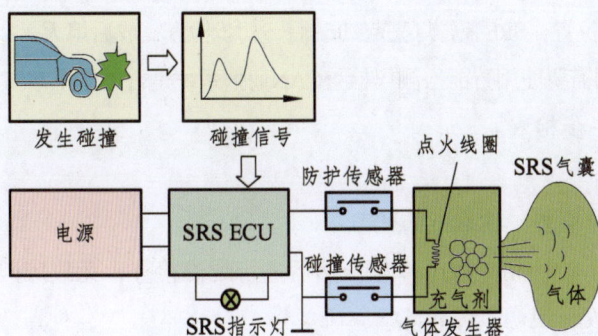

图6-120　安全气囊系统的基本原理

图6-121　安全气囊保护作用

实施方案

汽车安全气囊的检修

1. 安全气囊检修注意事项

（1）检测安装和维修工作必须由专业人员来进行。

（2）检测时不可使用检测灯、电压表和欧姆表。安全气囊只可在安装好后用专用解码器检查。

（3）检查安全气囊时，必须断开蓄电池负极，将安全气囊与电源相连时，车内不可有人，安全气囊从运输器具内取出后必须马上装车。如需中止工作，应将安全气囊放回运输器具内。

（4）不可将安全气囊放到无人照管的地方。存放拆开的安全气囊时，起缓冲作用的面应朝上。安全气囊不可打开及修理，必须使用新件。掉到过坚硬地面上的或有损伤的安全气囊不可再用。

（5）安全气囊有一定使用寿命（在显著位置会粘贴有不干胶标签）。如更换安全气囊，应将新标签取下并贴到旧标签上面。每14年必须更换安全气囊和不干胶标签。如果车上无标签，应在保养手册中注明更换安全气囊。安全气囊上不能沾油脂、清洁剂等，也不能放置于温度大于65℃的地方（短时也不可）。

2. 安全气囊检修步骤

1）SRS警告灯检查

将点火开关置于ON（IG）位置后约6 s，检查SRS警告灯工作情况。

系统正常：将点火开关置于ON（IG）位置，SRS警告灯亮起约6 s后，初步检查完成后熄灭。

如果SRS警告灯熄灭，然后又亮起，则需要使用智能检测仪检查CAN通信系统是否工作正常。

如果SRS警告灯一直亮，则进行下一步检查。

2）读取故障码

使用故障诊断仪IT-II对车辆进行故障检查，读取故障码。

如果读取到故障码，则按故障码显示检修相应故障部位，然后进行维修检查，无故障码输出且故障指示灯在规定那个时间后熄灭，说明故障排除。

如果故障诊断仪读取不到故障码，则根据故障诊断的一般原则，对车辆进行下一步检查。

3）检查蓄电池电压

用万用表测量蓄电池电压；标准电压：11～14 V。

如果蓄电池电压不在规定范围内，则检修蓄电池，待电压正常后检验故障是否排除。

4）检查连接器

①将点火开关置于OFF位置；

② 断开蓄电池负极（－）电缆，等待至少90秒钟；

③ 检查并确认连接器正确连接至中央气囊传感器总成；

如果连接器没有连接牢固，重新连接连接器并进行下一步检查。

④ 将连接器从中央气囊传感器总成上断开，检查并确认连接器端子没有损坏，如图6-122所示。

5）检查线束（中央气囊传感器总成—车身搭铁）

① 连接蓄电池负极电缆。

② 将点火开关置于ON（IG）位置。

③ 操作电气系统的所有部件（除雾器、刮水器、前大灯、加热器鼓风机等）。

④ 根据表6–17中的值测量电压。

线束连接器前视图：
（至中央气囊传感器总成）

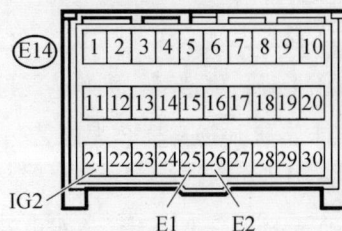

图6-122　中央气囊传感器总成

表6-17　标准电压

检测仪连接	开关状态	规定状态
E14-21（IG2）—车身搭铁	点火开关置于ON（IG）位置	8～16 V

⑤ 将点火开关置于OFF位置。

⑥ 根据表6-18中的值测量电阻。

表6-18　标准电压

检测仪连接	开关状态	规定状态
E14-25（E1）—车身搭铁	始终	<1Ω
E14-26（E2）—车身搭铁	始终	<1Ω

6）SRS警告灯检查

① 将点火开关置于ON（IG）位置。

② 检查SRS警告灯状况。

正常：点火开关置于ON（IG）位置约6 s过后，SRS警告灯熄灭约10 s，然后亮起。

如果正常，则更换中央气囊传感器总成。

如果异常，则须更换组合仪表总成。

参考文献

[1] 徐淼，姚东伟. 汽车电气设备构造与维修[M]. 北京：化学工业出版社，2021.

[2] 王峰，樊瑞军. 汽车电气设备构造与维修[M]. 南京：南京大学出版社，2020.

[3] 秦航，杨良根，卢能芝，王建. 汽车电气设备构造与维修[M]. 重庆：重庆大学出版社，2020.

[4] 黄勤龙，罗早发. 汽车电气设备构造与维修[M]. 北京：航空工业出版社，2015.

[5] 宋阳见. 汽车电气设备构造与维修[M]. 北京：北京大学出版社，2008.